AGIR ENSEMBLE
FONDEMENTS DE LA COOPÉRATION

DANS LA MÊME COLLECTION

Jean-Fabien Spitz, *Abolir le hasard ?*, 2008

Sacha Bourgeois-Gironde avec Dominique Dimier, *Comment l'argent vient à l'esprit*, 2009

Serge Portelli, *Pourquoi la torture ?*, 2011

Elena Pasquinelli, *L'illusion de réalité. Toute ressemblance avec des personnes ou des situations existantes ne saurait être que fortuite*, 2012

Magali Bessone, *Sans distinction de race ?. Une analyse critique du concept de race et de ses effets pratiques*, 2013

Marc-Antoine Dilhac, *La tolérance, un risque pour la démocratie ?. Théorie d'un impératif politique*, 2014

PHILOSOPHIE CONCRÈTE
Directeur : Jean-Baptiste RAUZY

AGIR ENSEMBLE

FONDEMENTS DE LA COOPÉRATION

par

Cédric PATERNOTTE

Ouvrage publié avec le concours
de l'Université Paris-Sorbonne

PARIS
LIBRAIRIE PHILOSOPHIQUE J. VRIN
6 place de la Sorbonne, V[e]

2017

Imprimé en France

ISSN 1961-2648
ISBN 978-2-7116-2747-9

www.vrin.fr

INTRODUCTION

Deux questions

Imaginons deux personnes qui balayent une cour; deux autres qui se promènent ensemble; deux suspects qui s'abstiennent de se dénoncer l'un l'autre lors d'un interrogatoire; quatre membres d'une chorale qui chantent un canon; les membres d'un parti allant voter pour leur candidat; des contribuables qui paient leurs impôts. Qu'y a-t-il de commun entre ces situations extrêmement variées? Il s'agit chaque fois de cas typiques de coopération. Sans être équivalents, ces exemples montrent tous des individus dont les actions, accomplies de façon plus ou moins coordonnée, procurent un bénéfice mutuel.

La coopération entre plusieurs individus est un phénomène limpide ou problématique selon le point de vue que l'on adopte. Chacun l'observe et y participe quotidiennement sans affronter de difficulté particulière ni être conscient de coopérer. Parvenir à porter une table à deux est d'une simplicité extrême, pourvu qu'elle ne soit pas trop lourde; dans la plupart des pays, tous les automobilistes conduisent du même côté de la route de façon machinale et efficace; de nombreuses personnes font régulièrement don d'une partie de leurs biens à leur communauté, contribuant à son bon fonctionnement. On débat rarement pour décider si une action collective peut être qualifiée ou non de coopération, tant les cas paraissent clairs. Aussi les discussions liées à la coopération ont-elles le plus souvent lieu dans le cadre de la résolution d'un problème, soit pour lui trouver une solution (comment réussir à faire coopérer plusieurs directions et bureaux contre le terrorisme ?), soit pour constater la réussite ou l'échec d'une tentative de coopération (un projet d'attentat a échoué, signe de la bonne coopération des services policiers; ou un attentat qui pouvait être empêché ne l'a pas été, signe d'un manque de coopération). Autrement dit, on ne se demande guère si les actions d'individus ou de groupes sont coopératives ou non, mais plutôt si ceux-ci vont ou pourraient coopérer. Nous pensons savoir assez ce qu'est la coopération pour être capables de la favoriser.

Historiquement, les textes philosophiques fondateurs portant sur la coopération sont eux-mêmes centrés sur les problèmes liés à sa réussite. Comme le rappelle Raymond Boudon dans sa préface à Olson (1971) :

> [...] toute la philosophie politique du dix-huitième siècle, toute l'économie de la fin du dix-huitième siècle et du début du dix-neuvième [...] tournaient autour des paradoxes de l'action collective. Le *Léviathan* de Hobbes, le contrat social de Rousseau, le paradoxe de Condorcet, la « main invisible » d'Adam Smith renvoient tous aux paradoxes de l'action collective.

C'est Hume qui a énoncé le plus clairement l'aspect paradoxal de la coopération à travers deux exemples fondateurs. Voici d'abord celui qu'on peut appeler le dilemme des moissonneurs :

> Votre blé est mûr aujourd'hui, le mien le sera demain. Il nous est profitable à tous deux que je travaille avec vous aujourd'hui et que vous m'aidiez demain. Je n'ai pas de bonté pour vous, et je sais que vous en avez aussi peu pour moi. Par conséquent, je ne me donnerai pas de peine pour votre compte et je sais que si je travaillais avec vous pour le mien, espérant votre aide en retour, je serais déçu et que c'est en vain que je dépendrais de votre gratitude. Dès lors, je vous laisse travailler seul et vous me traitez de la même manière. Les saisons changent, et tous deux nous perdons nos récoltes par manque de garantie mutuelle [1].

Et plus loin dans le *Traité*, l'exemple des voisins – que l'on appellerait aujourd'hui un dilemme de bien public :

1. Hume, *Traité de la nature humaine*, III, II, V, 8, Paris, GF-Flammarion, 1993.

> Deux voisins peuvent s'entendre pour drainer une prairie qu'ils possèdent en commun, parce qu'il leur est facile de connaître réciproquement leurs pensées, et chacun doit percevoir que la conséquence directe de son manquement serait l'abandon du projet dans sa totalité. Mais il est très difficile et, en vérité, impossible, que mille personnes s'entendent à propos d'une action de ce genre, car il leur est difficile de se concerter sur un projet aussi complexe et encore plus de l'exécuter, alors que chacun cherche un prétexte pour se libérer de la peine et de la dépense et qu'il laisserait volontiers tout le fardeau aux autres [1].

Dans ces deux textes, la coopération est présentée comme un problème : elle ne peut exister sans confiance ou garantie, puisque l'intérêt personnel des individus semble être de ne pas coopérer. De plus, la complexité des situations augmente la difficulté liée au manque de confiance, soit parce que les individus agissent successivement (je ne peux échapper à la suspicion qu'autrui me trompera une fois qu'il aura obtenu de moi ce qu'il voulait), soit parce qu'ils sont extrêmement nombreux (une population assez importante comprendra toujours un nombre non négligeable de profiteurs).

On peut poser deux questions relatives à la coopération : celle de sa *juste définition* – quand peut-on dire que des individus coopèrent ? – et celle de son *explication* – pourquoi et comment ont-ils coopéré ? La seconde question correspond au problème soulevé dans les passages de Hume ; s'il existe tant de raisons opposées au choix de coopérer, pourquoi coopère-t-on malgré tout ? Quant à la première question, elle tente de découvrir ce qui caractérise la coopération. Dans les situations des moissonneurs et des voisins, il semble par exemple nécessaire, pour qu'on puisse parler de coopération, que les individus soient liés par une « garantie mutuelle » ou qu'ils soient mutuellement conscients de leurs « pensées ».

La réponse à la question définitionnelle a souvent passé pour évidente. Selon Hume, il y aurait coopération quand plusieurs individus agissent en se faisant confiance. Et la seconde question

1. Hume, *Traité de la nature humaine*, III, II, VII, 48.

n'est de fait abordée que dans la mesure où on aimerait que les individus coopèrent plus qu'ils ne le font déjà : l'explication de la coopération intéresse surtout la recherche de *solutions* coopératives. Il ne s'agit alors plus tant d'expliquer les raisons fondamentales de la coopération que de trouver des mécanismes supplémentaires pour en augmenter la force et l'efficacité – par exemple, en ajoutant la possibilité de passer un contrat, qui constitue un exemple de garantie mutuelle. Dans tous les cas, la recherche d'un perfectionnement de la coopération ne remet pas en cause l'apparente simplicité fondamentale du phénomène, de sorte que répondre aux deux questions portant sur la définition et l'explication de la coopération a pu paraître soit trivial, soit inutile.

Cependant, sous son apparence innocente, la nature de la coopération est en réalité profondément problématique, comme le révèlent l'étonnante complexité – et paradoxalement les insuffisances manifestes – des théories de la coopération, qu'elles soient philosophiques ou techniques. Comme nous le verrons, définir et expliquer la coopération se révèle autrement plus ardu que les remarques précédentes ne le suggèrent. L'écart entre l'évidence intuitive d'une notion et le niveau de détail requis par son analyse n'est pas surprenant : l'un des rôles de la philosophie est précisément d'éclairer les notions qu'un usage fréquent fait paraître comme triviales. En revanche, on constate que les théories de la coopération, qu'elles cherchent à la définir ou à l'expliquer, rencontrent toutes des obstacles spécifiques – aucune n'est exempte de défauts – et suscitent des problèmes plus généraux.

DÉFINITIONS

Les *définitions* de la coopération tentent de fournir un ensemble de conditions nécessaires et suffisantes pour qu'on puisse qualifier une action collective de coopérative. La liste des éléments nécessaires pour une telle définition pourrait inclure un ensemble de participants potentiels à l'action, un ou plusieurs but(s), une liste de combinaisons d'actions permettant de les atteindre, mais aussi des états mentaux – croyances, connaissances, intentions, raisons pour lesquelles les agents agissent – ainsi que des accords, promesses ou engagements. Ces différents éléments se trouvent déjà chez Hume, puisqu'il semble considérer la connaissance des pensées d'autrui et l'existence de garanties de son action comme des conditions suffisantes à la coopération.

Habituellement, une définition est obtenue de la façon suivante : À partir d'exemples de coopération humaine considérés comme typiques, on en cherche les points communs. Par exemple, pour qu'il y ait coopération, les individus doivent-ils être conscients qu'ils coopèrent? Faut-il qu'ils aient l'intention d'agir en vertu d'un plan d'action précis, et si oui, qu'ils sachent que chacun suit ce plan? Et que les autres le savent? Les questions définitionnelles donnent assez vite l'impression de s'engendrer les unes les autres. Les agents doivent-ils avoir l'intention de coopérer quoi qu'il arrive, ou seulement si d'autres individus font de même? Leurs raisons de coopérer peuvent-elles être différentes? Y a-t-il encore coopération si quelqu'un accomplit une action bénéfique involontairement ou par erreur? Les questions sont variées et peuvent atteindre une complexité déroutante. Mais définir la coopération exige qu'elles reçoivent des réponses claires. Ainsi, chez Hume, la connaissance de la « pensée » d'autrui, qui semble une condition élémentaire, peut être interprétée de multiples façons : s'agit-il de connaître les croyances d'autrui, ses intentions, ses raisons d'agir? Ou encore une combinaison, voire l'ensemble de ces éléments?

La difficulté créée par les théories existantes vient précisément de leur multiplicité et de leur disparité. D'abord, les éléments cruciaux ne sont pas les mêmes dans l'ensemble des définitions existantes, si bien qu'il est difficile de savoir où exactement se situe la frontière de la « vraie » coopération : on dispose de tout un éventail de définitions possibles, entre lesquelles il est difficile de trancher. Selon certaines, les « voisins » de Hume ne coopéreraient vraiment pour drainer la prairie que lorsqu'ils connaissent à l'avance toutes les actions prévues pour son accomplissement. Pour d'autres, il leur faut ressentir subjectivement un engagement à agir l'un avec l'autre. Pour d'autres encore, il suffirait qu'un bénéfice mutuel découle de leurs actions, quelles qu'en soient les raisons. Peut-on dire que nous avons coopéré si j'ai aidé mon voisin à drainer la prairie, même si le fait qu'il participe m'était indifférent et si je n'ai pas remarqué qu'il m'aidait? Faut-il au contraire que j'aie été dès le départ certain qu'il allait m'aider jusqu'au bout et qu'il en avait l'intention? Le premier cas semble trop faible pour relever de la coopération; le second peut-être trop fort. Où se situe le juste milieu? Par exemple, les situations de manifestations « spontanées » ou de « foules éclairs », dans lesquelles des individus agissent « collectivement » alors qu'ils ne se connaissent pas et sans concertation préalable, peuvent-elles être qualifiées de coopératives?

Il est d'autant plus difficile d'établir des liens clairs entre ces différentes définitions que les mêmes termes y sont parfois utilisés en des sens différents et qu'elles semblent recourir à des concepts peu clairs, ou trop peu réalistes pour décrire les actions ordinaires des êtres humains. La plupart des philosophes semblent soutenir par exemple qu'il ne peut y avoir coopération au sein d'un groupe que si ses membres ont l'intention de coopérer, s'ils savent qu'ils en ont tous l'intention, s'ils savent tous qu'ils savent tous qu'ils en ont l'intention, et ainsi de suite. Mais comment exiger d'humains qu'ils connaissent consciemment une infinité de choses? Comment les intentions de coopérer des individus peuvent-elles être rendues *publiques* au sein du groupe? Définir la publicité devient crucial, et nous verrons dans le dernier chapitre que même la publicité télévisée peut favoriser les comportements coopératifs. Mais n'y a-t-il pas un problème si la publicité, qui est un phénomène quotidien et intuitif, ne peut être définie que de façon extrêmement idéalisée et irréaliste?

Le gouffre entre la simplicité intuitive et la complexité théorique de la coopération semble se refléter dans l'ensemble des situations coopératives. Il existe d'un côté des situations dans lesquelles le succès de la coopération est immédiat : porter une table à plusieurs; ramer au même rythme; marcher de concert; ou simplement dialoguer. La coopération y semble quasiment mécanique car dépendant essentiellement d'une synchronisation entre les agents que l'instinct ou l'habitude a rendue automatique.

On trouve d'autre part des cas plus complexes reposant sur des scénarios *épistémiques*, c'est-à-dire impliquant notoirement le savoir, les croyances et la rationalité des acteurs : ne pas trahir son partenaire alors qu'on aurait pu en tirer un avantage; donner une partie de ses biens pour permettre l'obtention d'un bénéfice dont tous profitent; ne pas s'avancer devant d'autres spectateurs pour mieux voir le spectacle si cela leur bouche la vue; il s'agit ici de problèmes de coopération rationnelle que les agents concernés affrontent en connaissance de cause et doivent résoudre activement. Les situations des moissonneurs et des voisins de Hume sont deux cas dans lesquels la coopération rationnelle est particulièrement problématique, respectivement parce que les individus agissent l'un après l'autre et parce qu'ils sont particulièrement nombreux. Si l'on divise ainsi les situations de coopération en deux catégories – d'une part les actions intuitives, immédiatement résolues, et d'autre part les dilemmes dont la résolution est problématique –, seule la seconde semble exiger une analyse détaillée.

Cependant, du point de vue de la théorie, cette séparation est trompeuse. Elle touche en effet l'aspect *pragmatique* de la coopération, c'est-à-dire la façon dont les actions sont effectivement accomplies. Mais le fait que certaines soient plus difficiles à réaliser que d'autres n'implique pas que les agents aient besoin de croyances différentes, ou supplémentaires pour les réaliser; cela indique simplement que dans les cas les plus difficiles les agents disposent plus rarement des croyances nécessaires. Autrement dit, le niveau variable de la *difficulté* à coopérer dans différentes situations n'implique pas nécessairement l'existence de formes *distinctes* de coopération. Le problème de définition concerne donc bien la coopération elle-même et pas seulement une sous-classe de situations coopératives particulières. Il est *a priori* aussi difficile de définir la coopération dans les cas rationnellement problématiques, comme ceux de Hume, que dans les cas d'actions élémentaires comme celle de marcher ensemble.

On peut mentionner un problème supplémentaire, secondaire mais non négligeable : seules certaines situations semblent offrir des opportunités de coopération. Il est fréquent que certains exemples soient abusivement présentés comme des paradoxes de l'action collective. Prenons le cas du bar de Santa Fe[1] : cent personnes souhaitent passer la soirée dans un bar, mais savent que celui-ci est relativement exigu et n'est agréable que s'il contient moins de soixante personnes. Il faut cependant un minimum de clients (disons dix, sans quoi l'ambiance est décidément triste) et en dessous de la limite de soixante, plus il y a de clients, meilleure est l'ambiance. En conséquence, chacun espère que suffisamment d'autres, mais pas trop, décideront de venir. Selon le nombre de clients déjà présents dans le bar, les choix de venir et de rester chez soi peuvent bénéficier ou nuire au groupe de clients. Les individus ne sont donc pas en position de déterminer des actions clairement coopératives : il ne s'agit pas véritablement ici d'une situation de coopération.

Explications

Parallèlement aux définitions, on trouve des théories tentant d'expliquer la coopération – c'est-à-dire de comprendre quelles sont les causes du comportement coopératif. Il en existe deux grands types.

Les moissonneurs de Hume pourraient coopérer s'ils avaient chacun des garanties mutuelles de l'action d'autrui ; or leur intérêt individuel semble opposé à la coopération. Pourtant, dans de tels cas, nombreux sont les individus qui coopéreront en dépit de ces raisons de ne pas le faire, et qui sont donc poussés à coopérer pour d'autres raisons ou par d'autres mécanismes. Lesquels ? Répondre à cette question revient à rechercher les causes *prochaines* de la coopération : il s'agit des causes concrètes et actuelles du comportement. Lorsqu'un individu est placé face à un choix d'actions possibles, les causes prochaines de son comportement coopératif sont donc les causes immédiates de son choix de l'action coopérative. Elles peuvent inclure des raisons d'agir conscientes,

1. Pour des travaux sur ce cas, voir par exemple B. Mishra, A. Greenwald, R. Parikh, « The Santa Fe bar problem revisited. Theoretical and practical implications », in *Proceedings of the summer festival on Game Theory international conference, State University of New York at Stony Brook*, 1998.

par exemple des calculs de bénéfices, ou bien des émotions (telles la honte ou la culpabilité), ainsi que des causes inconscientes, provenant par exemple de la structure cognitive humaine. Il s'agit de causes générales, internes et communes à tout être humain. La recherche de ces causes est motivée par le grand nombre de situations (notamment des dilemmes sociaux) dans lesquelles il existe pour les agents des raisons fortes de ne pas coopérer, alors que les résultats expérimentaux montrent qu'il s'y trouve toujours une proportion non négligeable d'êtres humains choisissant de coopérer, et ce dans toutes les cultures. Cela implique l'existence de causes prochaines particulières du comportement coopératif.

Il semble irrationnel pour les voisins de Hume de coopérer, en raison de l'existence d'individus qui profiteront du résultat de leurs efforts sans en fournir eux-mêmes. Ceux qui coopèrent apparaissent pénalisés par rapport à ces derniers, puisqu'ils dépenseront en général plus d'énergie, d'argent et de moyens qu'eux. Comment peut-on alors expliquer l'existence d'individus coopératifs, alors que les individus non-coopératifs devraient prospérer davantage qu'eux et à terme dominer la population ? Répondre à cette question revient à rechercher les causes *ultimes* de la coopération : elles visent à expliquer pourquoi et comment le comportement coopératif a pu se répandre et se stabiliser au sein de certaines espèces vivantes – dont évidemment l'espèce humaine. En d'autres termes, il s'agit d'expliquer l'apparition et l'évolution du comportement coopératif. Ces causes peuvent être liées entre autres à l'environnement naturel, à l'évolution génétique, à la culture des sociétés humaines, etc. Rechercher les causes prochaines consiste donc à déterminer quels sont les *mécanismes* cognitifs qui mènent à la coopération, tandis que les causes ultimes se concentrent sur l'*origine* de ces mécanismes.

Ce sont les causes prochaines les plus intéressantes puisque c'est en fonction d'elles que l'on peut agir sur la coopération au sein d'un groupe, ce qui leur confère une utilité pratique pour rechercher des solutions aux dilemmes coopératifs et des moyens de faire coopérer davantage les individus. Un homme politique influent utilise dans son discours le pronom personnel « nous » plutôt que « je » afin de favoriser la mobilisation autour de son projet, des sanctions juridiques frappent ceux qui ne respectent pas un contrat : notre quotidien regorge d'exemples de ce genre qui reflètent autant de moyens visant à augmenter la coopération. L'analyse toutefois ne saurait négliger les causes ultimes, puisqu'elles précèdent les causes prochaines : les premières rendent possible l'apparition et la transmission du comportement coopératif d'où les secondes découlent.

L'ensemble des théories explicatives peut encore être divisé d'une seconde manière, indépendante de l'axe des causes prochaines ou ultimes. Une théorie peut être *descriptive* si elle recherche les causes véritables de la coopération – des causes compatibles avec nos connaissances concernant l'être humain, sa cognition, son évolution – en s'appuyant sur des données empiriques. Ainsi une théorie expliquant la coopération par le phénomène psychologique d'identification de groupe se fonde sur de nombreux résultats expérimentaux et sur les facteurs qui influencent effectivement les êtres humains. Mais une théorie peut aussi être *normative*, présentant des mécanismes ou principes qui mènent à la coopération, sans se soucier de leur plausibilité, voire en acceptant leur artificialité. Il s'agit alors de donner des raisons pour lesquelles un individu pourrait coopérer ou pour lesquelles l'humanité aurait pu devenir coopérative. Par exemple, même s'il était impossible aux deux moissonneurs de Hume de se faire confiance, une théorie pourrait montrer que, si la confiance existait, alors elle garantirait leur coopération.

Les nombreuses explications ultimes disponibles ont une vocation descriptive : elles sont le plus souvent fondées sur la théorie darwinienne de la sélection naturelle, elle-même soutenue par une myriade de données. Elles peuvent s'appuyer sur des données d'origines variées, allant de comportements ou mécanismes cognitifs observés empiriquement à la description de caractéristiques de sociétés humaines anciennes ou « primitives ». Concrètement, on observera par exemple que la coopération humaine semble fondée sur une tendance universelle à se percevoir comme membre d'un groupe; ou encore que les comportements non-coopératifs sont handicapés par l'existence de conventions, de normes et de punitions; et on cherchera ensuite à expliquer l'existence de ces éléments. Les explications ultimes se tiennent donc sur une base empirique forte, alimentée principalement par l'anthropologie et l'éthologie. Leur pouvoir explicatif est cependant limité par l'utilisation abondante des modèles issus de la théorie de jeux, qui représentent les situations de façon simplifiée et s'appuient sur une version extrêmement idéalisée du processus de sélection naturelle. Une fois identifié un trait psychologique ou un mécanisme favorisant la coopération, il sera souvent simplifié à l'extrême afin de pouvoir être intégré dans un modèle mathématique visant à décrire l'évolution des comportements.

Il peut sembler étrange, voire paradoxal, que des explications de la *coopération* puissent être fournies par la théorie darwinienne, qui est habituellement considérée comme mettant en scène des individus en situation naturelle de *compétition*. Cette opposition reste cependant superficielle. D'abord, la théorie de l'évolution ne fait que fournir un mécanisme abstrait qui peut fonctionner à plusieurs niveaux : celui des individus, mais aussi celui des gènes[1], ou encore des groupes[2]. Un gène coopératif pourrait remporter la « compétition » face à d'autres gènes, tout comme un groupe constitué d'individus coopératifs pourrait prendre l'avantage sur des groupes composés différemment. Ensuite, illustrer le mécanisme de sélection naturelle par le terme de « compétition » est maladroit : il concerne l'évolution comparée de différents traits transmissibles et ne présuppose aucun type de comportement compétitif chez l'individu. Qu'un trait (une caractéristique) transmissible soit sélectionné par rapport à d'autres n'implique pas que des individus ayant ce trait soient plus « forts » ou survivent dans un affrontement. Il suffit que ce trait ait pour conséquence de rendre leur taux de reproduction supérieur à celui des autres. Les *ensembles* d'individus ayant un certain trait (et non des individus particuliers) sont donc en compétition de façon abstraite, par l'intermédiaire de la comparaison de leur nombre moyen de descendants; cela ne signifie évidemment pas que les *interactions* entre individus

1. R. Dawkins, *The Selfish Gene*, Oxford, Oxford University Press, 1976.

2. E. Sober, D.S. Wilson., *Unto Others. The Evolution and Psychology of Unselfish Behavior*, Cambridge, MA, Harvard University Press, 1998 ; S. Okasha, *Evolution and the Levels of Selection*, Oxford, Oxford University Press, 2006.

soient systématiquement de nature compétitive. Enfin, la sélection naturelle s'exerce toujours dans un milieu précis : un trait pourrait être sélectionné dans un environnement donné et éliminé dans un autre. Or les unités de sélection « rivales » – gènes, individus ou groupes – font également partie de l'environnement. Il n'est donc pas surprenant que certains traits sélectionnés concernent un mode d'interaction entre individus, en particulier la faculté de coopérer : de même que des nageoires peuvent être avantageuses pour une espèce aquatique, la capacité de coopérer pourrait être utile à tout individu interagissant avec autrui.

Revenons aux différentes explications de la coopération. Comment s'articulent les distinctions qui ont été proposées : l'explication prochaine ou ultime d'une part et, d'autre part, les aspects descriptifs et normatifs? Les explications prochaines peuvent être aussi bien descriptives que normatives – fournissant le plus souvent des principes acceptables qui, s'ils étaient effectivement adoptés de façon rationnelle par les humains, auraient pour conséquence la coopération de tous (à un certain degré). On peut aussi bien vouloir expliquer le raisonnement qui conduit les moissonneurs à coopérer que celui qui aurait pu les conduire à coopérer. Beaucoup d'explications prochaines rationnelles sont extrêmement normatives : elles élaborent des raisons valables de *considérer* le comportement coopératif comme rationnel. Elles sont en réalité moins des explications que des interprétations, ou des *justifications*, de la coopération. Pour la plupart, les explications prochaines visant à établir que coopérer est au moins partiellement rationnel mêlent souvent les aspects normatif et descriptif, notamment lorsqu'elles s'appuient sur des résultats techniques : elles partiront de principes ou d'observations réalistes qu'elles appliqueront d'une façon idéalisée, ce qui leur donne une dimension normative. Si l'on observe que les moissonneurs ont coopéré parce qu'ils se faisaient confiance, on peut tenter de construire un modèle dans lequel une version « mathématique » de la confiance entre agents mène à la coopération. Autrement dit, même si le recours à la confiance est descriptif, la façon dont son effet explique la coopération est normatif – rien ne garantit que la réalité est conforme au modèle. Notre propre démarche sera de ce type, c'est-à-dire à la fois descriptive et normative, dans l'avant-dernier chapitre de cet ouvrage. Enfin, beaucoup d'explications prochaines actuellement privilégiées sont essentiellement descriptives : elles font reposer le poids de l'explication sur des phénomènes particuliers (émotions, normes, valeurs morales) dont la réalité est attestée et minimisent la part jouée par le raisonnement des agents (et donc la part de l'idéalisation).

Presque tous les types de théorie explicative ont en commun d'offrir une place à la modélisation et aux outils mathématiques en se plaçant fréquemment dans le cadre de l'économie et de la théorie des jeux (ce qui les rend au moins partiellement normatives). L'évolution de populations, ainsi que la prise de décision rationnelle se prêtent en effet volontiers à l'analyse mathématique. Ces outils permettent à la fois de les soutenir – un modèle satisfaisant renforcera une théorie – et de les limiter – une théorie semblant modélisable à première vue mais pour laquelle aucun modèle ne donne de résultats adéquats sera négligée voire éliminée. Cependant, nous verrons que les théories explicatives ont également leurs limites : les explications fondées sur des modèles ne sont pas suffisamment réalistes; les explications normatives sont inattaquables ou inutiles; les explications ultimes sont trop nombreuses; les explications prochaines pas assez détaillées. De plus, il existe un déficit relatif d'explications rationnelles satisfaisantes du comportement coopératif empiriquement observé dans certaines situations – lorsque les individus n'interagissent qu'une seule fois, dans des conditions d'anonymat et d'absence de communication.

Aux insatisfactions multiples que toutes ces théories – définitions et explications – nous font éprouver s'ajoute une disparité d'ensemble : aucune théorie unifiée de la coopération n'existe pour l'instant. La coopération que l'on cherche à expliquer est prise au sens de l'obtention d'un bénéfice mutuel : on cherche à savoir comment les voisins réussissent à aboutir à un résultat – le drainage de la prairie – qui profite à chacun. La coopération que l'on cherche à définir est celle correspondant à l'expression « agir ensemble », c'est-à-dire qu'elle présuppose au moins un bénéfice mutuel mais qu'elle y ajoute d'autres conditions. Autrement, définitions et explications de la coopération ne semblent pas s'occuper du même objet. Bien entendu, se référer à *des* théories de la coopération indique dès le départ qu'elles n'ont pas toutes nécessairement les mêmes objectifs ni les mêmes domaines. Cela ne suffit pas à les considérer comme incomparables puisqu'elles pourraient aussi bien être concurrentes que cohérentes entre elles. Aucune raison n'exclut d'emblée l'existence d'une théorie unifiée. Elle devrait spécifier les causes prochaines dont l'existence est justifiée par des causes ultimes, elle serait cohérente avec des résultats empiriques qu'elle expliquerait intégralement et compatible avec une définition analytique de la coopération humaine. Une telle théorie définirait la coopération comme une action collective accomplie par des acteurs qui se font confiance, expliquer en quoi la confiance peut dépasser les intérêts individuels « égoïstes » et garantir un comportement coopératif, et enfin expliquer comment les êtres humains sont devenus capables de se faire confiance.

Ce constat nous invite à rechercher d'un traitement global des phénomènes coopératifs. Il s'agit d'une entreprise rarement rencontrée dans la littérature, qui offre le plus souvent des analyses limitées, soit dans les moyens qu'elle mobilise, soit dans la généralité des phénomènes qu'elle aborde[1]. L'objectif de ce livre, outre l'exposé des débats concernant la notion de coopération, est de rassembler dans une analyse unique plusieurs aspects habituellement cloisonnés de la coopération.

Notions dérivées

Des problèmes secondaires apparaissent lors de l'étude de la nature de la coopération. Premièrement, la définition de la coopération a des conséquences immédiates sur la question de l'existence de groupes. Il nous arrive fréquemment, dans notre langage quotidien, de parler de groupes ou d'institutions comme s'il s'agissait d'individus à part entière. Tel pays déclare une guerre, telle équipe sportive en bat une autre, tel gouvernement

1. Le travail de Raimo Tuomela, auquel nous ferons plusieurs fois référence, est l'exception la plus notable à ce constat.

ne croit pas à la réalité d'une menace, tel ministère réfléchit sur la question de l'égalité des chances, etc. Les exemples précédents montrent qu'il y a au moins deux façons de voir un groupe comme un individu. On peut d'abord parler de son action globale, c'est-à-dire de la juxtaposition des actions individuelles de ses membres, comme de celle d'un individu. Ainsi, si les joueurs d'une équipe de football parviennent par leurs efforts conjugués à marquer un but, on dit naturellement que l'équipe a marqué. Mais un groupe peut être considéré comme existant selon d'autres modalités : il est commun d'entendre dire qu'un groupe sait, croit, accepte ou décide quelque chose, ou encore qu'il a une intention; autrement dit qu'il a des *états mentaux*.

Lorsque le groupe est préexistant et peut être nommé (par exemple, dans le cas d'équipes ayant un certain passé, d'institutions ayant un statut légal, etc.), il n'y a au fond rien d'étonnant à ce qu'il puisse être traité dans le langage comme une personne. Mais il est des cas où c'est l'action collective d'un groupe qui le rend saillant : il suffit d'observer des personnes entre lesquelles on ne soupçonnait aucun lien préalable se livrer à une activité conjointe (par exemple s'aider à pousser une voiture) pour soupçonner un lien entre elles et les percevoir comme un groupe. Le phénomène de coopération semble ainsi pouvoir conférer à un groupe un certain type d'existence, et justifier qu'on puisse lui attribuer un état mental comme une croyance ou une intention. Autrement dit, voir des individus coopérer – au sens faible de produire un résultat commun remarquable – suffit à en faire un groupe en un certain sens[1].

La définition de propriétés caractérisant la coopération peut donc éclairer la nature des entités et propriétés collectives. À partir du moment où l'accomplissement d'une action coopérative suffit à asseoir une notion de groupe (position qui demande bien sûr une

1. Selon les auteurs, des conditions plus exigeantes peuvent être considérées comme nécessaires. Ainsi List et Pettit soutiennent qu'un groupe ne peut être considéré comme un agent à part entière que si les décisions prises remplissent certaines conditions de cohérence et de rationalité. Le seul fait que ses membres parviennent à prendre une décision collective n'est donc pas suffisant à rendre le groupe semblable à un agent. Voir C. List, P. Pettit, *Group Agency – The possibility, design and status of corporate agents*, Oxford, Oxford University Press, 2011.

justification détaillée), et où entrent en jeu dans sa définition des combinaisons de croyances, d'intentions ou d'autres états mentaux, il devrait en principe être possible de définir la combinaison de croyances ou d'intentions garantissant la coopération comme une notion prometteuse *de croyance ou d'intention collective* (ou de groupe). La caractérisation de la coopération ouvrirait donc la porte à des définitions conceptuelles unifiées d'aspects collectifs variés. Déterminer à partir de quelle limite on peut dire que les agents coopèrent reviendrait à dire à partir de quand le groupe constitué de ces agents existe. Et si coopérer a pour conséquence de faire « apparaître » un individu collectif, alors définir ce qu'est la coopération peut permettre de savoir ce qui constitue une croyance ou une intention collective.

Un deuxième débat apparaît régulièrement en philosophie des concepts collectifs, celui qui oppose individualisme et holisme : il s'agit de déterminer s'il existe ou non des concepts collectifs *irréductibles* aux propriétés et attitudes individuelles des agents. Certains auteurs, comme Gilbert et Tuomela, pensent qu'il ne peut y avoir de coopération qu'à partir du moment où existe une entité collective (Gilbert parle de « sujet pluriel[1] ») : ce n'est que lorsque des individus seraient « ensemble », de façon à former un individu collectif, que l'on pourrait légitimement parler de coopération. Reste alors à définir ce qu'est une telle entité collective et en quoi elle possède des propriétés spécifiques qui font qu'elle ne peut se résumer à une simple agrégation d'individus.

Cette problématique est en quelque sorte symétrique de la précédente : alors qu'on s'interrogeait sur l'effet d'une définition de la coopération sur celle d'autres concepts collectifs, comme la croyance et l'intention collectives, il s'agit ici de déterminer la présence et le rôle éventuels de concepts collectifs fondamentaux dans les caractérisations de la coopération. Certaines définitions de la coopération dépendent en effet de façon cruciale d'éléments tels que les objectifs collectifs ou les obligations envers un groupe et en font des ingrédients nécessaires de toute coopération humaine. Au contraire, d'autres définitions sont strictement individualistes

1. M. Gilbert, *On Social Facts*, Princeton, Princeton University Press, 1989.

et n'utilisent aucun concept qui ne soit individuel. Il s'agit donc de savoir si l'on peut obtenir une définition de la coopération qui ne présuppose que des individus, ou bien si l'on est forcé de prendre en compte un environnement social préexistant. Ce débat trouve son origine en sciences sociales, lorsqu'il s'agit d'expliquer des comportements : peut-on se contenter d'invoquer les croyances et intentions des individus, ou doit-on prendre en compte la société en arrière-plan ? L'un des premiers holistes, Durkheim, expliquait par exemple certains suicides d'individus par le défaut ou l'excès d'intégration dans une structure sociale[1]. Il ne s'agit pas de nier le rôle du choix individuel : à chaque fois, c'est bien un individu qui choisit de se suicider pour des raisons personnelles ; mais le taux des suicides dans la société est globalement explicable par le degré général d'intégration. Ainsi, c'est parce qu'elles permettent d'expliquer certains phénomènes que certaines propriétés sociales sont mises à jour.

Le degré et la nature des concepts collectifs impliqués dans telle ou telle définition de la coopération permettent donc de déterminer assez précisément sa position entre les extrémités de l'individualisme et du holisme. Or il est extrêmement difficile de justifier l'existence de concepts purement collectifs quand sont disponibles assez de concepts individuels qui paraissent pouvoir les expliquer complètement (chez Durkheim au contraire, l'intégration ne semble pas réductible au niveau individuel). Une conséquence immédiate de cette remarque est donc que plus les concepts collectifs nécessaires pour définir la coopération seront nombreux et complexes, plus le travail de justification de la définition sera conséquent et plus celle-ci semblera vulnérable à la critique[2].

Un troisième problème plus mineur apparaît en filigrane de toute théorie générale de la coopération : celui des *niveaux de représentation*. La description de tout comportement d'un individu en interaction avec autrui peut se faire à trois niveaux : la réalité (les

1. E. Durkheim, *Le suicide*, Paris, P.U.F., 2013 ; le texte original date de 1897.

2. Ceci implique simplement qu'une théorie holiste sera en général plus difficilement acceptable qu'une théorie individualiste. Elle n'est pas pour autant impossible ou d'emblée vouée à l'échec. En l'occurrence, notre propre analyse de la coopération se révélera en définitive partiellement holiste.

causes réelles du comportement), la vision intuitive qu'a l'agent du comportement de l'autre, et enfin l'analyse du théoricien. Les agents choisissent leurs actions d'une certaine façon, et raisonnent en supposant qu'autrui choisit ses actions d'une certaine façon (qui n'a pas à être identique à la précédente), tandis que le théoricien possède son propre modèle qu'il applique à tous. Or ce dernier a bien entendu pour but de décrire la réalité. Cette échelle de points de vue requiert donc des efforts de la part du théoricien qui souhaite *expliquer* la coopération. Il doit en effet prendre en compte dans son modèle général l'existence des modèles intuitifs, probablement différents, qu'utilisent effectivement les agents. Par exemple, si le modèle du théoricien suppose que les deux moissonneurs ont effectivement coopéré parce qu'ils s'identifiaient à un groupe, il n'obtiendra une explication satisfaisante que s'il prend en compte la façon dont les moissonneurs perçoivent leur situation – par exemple, il se pourrait qu'ils raisonnent en termes de confiance et non d'identification de groupe. Par défaut, il faut donc toujours distinguer les définitions et explications naïves des individus, de celles, « sophistiquées », du théoricien, puisqu'elles ne coïncident pas nécessairement. Nous verrons au dernier chapitre que l'on peut donner des définitions différentes du concept de coopération selon que l'on considère la version théorique ou la version naïve.

Coopération humaine

Il est clair désormais que l'ensemble de cet ouvrage concerne la coopération au sein de l'espèce humaine. Un tel choix doit être justifié, puisqu'il est tout aussi fréquent de parler de coopération entre des animaux, par exemple les fourmis, les lions, ou les singes, ou même entre des mécanismes (processeurs, agents artificiels), que chez l'être humain. Cependant, la coopération humaine se distingue des autres par plusieurs aspects.

En premier lieu, la coopération humaine est une affaire de choix : les êtres humains sélectionnent leurs actions, et pour cette raison font face à ce qu'on a déjà appelé des dilemmes sociaux : des situations dans lesquelles l'intérêt collectif et l'intérêt individuel sont en opposition. On pourrait dire que les humains sont actifs, là où programmes et fourmis sont réactifs. Il ne s'agit pas ici d'un problème relatif au type d'intelligence des fourmis ou à leurs éventuelles capacités mentales. Simplement, leur coopération est une réussite perpétuelle et invariable. Leurs comportements sont semblables et réguliers, les résultats de leurs actions collectives sont identiques. Les fourmis n'échouent jamais à coopérer – à moins de faire face à une tâche au-delà de leurs moyens : tous leurs efforts conjugués ne peuvent venir à bout de l'implacable tuyau d'arrosage braqué sur la fourmilière. Mais aucun de leurs comportements n'indique qu'elles font des choix : on n'a jamais vu une fourmi cesser de porter son énorme charge pour profiter un instant du soleil. Le comportement coopératif humain, en ce qu'il résulte d'un choix et donc de la prise en considération de raisons d'agir éventuellement contradictoires, est profondément *contingent*.

De plus, les concepts impliqués dans n'importe quelle définition de la coopération humaine impliquent des capacités cognitives que les êtres humains semblent les seuls à posséder à un degré suffisant. On peut soutenir qu'au contraire des fourmis, les singes font, comme les êtres humains, des choix et comme eux, ont des croyances et forment des intentions. Mais il semble qu'ils ne soient capables de former ce qu'on appelle des méta-représentations, c'est-à-dire des états mentaux portant sur les états mentaux d'autrui, que dans certains cas très précis (détection de nourriture ou de prédateur, agression)[1]. La capacité méta-représentationnelle humaine est beaucoup plus souple[2]. Pouvoir se représenter les croyances d'autrui est crucial dans l'ensemble des définitions de la coopération et les actions coopératives humaines sont extrêmement variées et ne sauraient être énumérées d'après une liste préétablie. Pensons par exemple aux cas d'interaction à actions simultanées où le résultat obtenu dépend de la prédiction correcte du comportement d'autrui. La complexité de la capacité

1. *Cf.* par exemple B. Hare, J. Call, M. Tomasello, « Do chimpanzees know what conspecifics know ? », *Animal Behaviour*, 61, 2001, p. 139-151.

2. *Cf.* D. Sperber, « Metarepresentations in an evolutionary perspective », *in* D. Sperber (ed.), *Metarepresentations. A Multidisciplinary Perspective*, Oxford, Oxford University Press, 2000, p. 117-137.

méta-représentationnelle humaine est connue; elle apparaît relativement tard dans le développement de l'enfant[1]. Même si les singes coopèrent entre eux à un certain degré, ils sont incapables d'accomplir certaines actions coopératives élémentaires telles que le jeu (lancer et recevoir un ballon) pourtant accessibles à des très jeunes enfants humains[2]. Les mammifères capables de coopération n'accomplissent qu'une portion congrue des tâches coopératives humaines élémentaires et n'ont qu'une capacité méta-représentationnelle limitée.

Dernier point : l'évolution du comportement coopératif chez les animaux est explicable par des mécanismes relativement simples. L'action coopérative d'une fourmi profite en général à des individus génétiquement très proches : elle est compréhensible si l'on considère un mécanisme de sélection naturelle au niveau des gènes et non des individus (la coopération, coûteuse pour un individu, profitera à ses proches parents et bénéficiera donc à des gènes semblables aux siens). Les fréquents comportements coopératifs de certains singes se produisent au sein d'une tribu stable dans le temps : on peut l'expliquer par des stratégies rationnelles dans des situations répétées, comme la réciprocité indirecte (coopérer maintenant avec quelqu'un afin de profiter plus tard de la coopération d'autrui). Mais l'être humain semble être le seul à accepter de coopérer avec des étrangers, rencontrés une seule fois, sans espoir de compensation future, et en l'absence d'observateurs : il s'agit précisément d'une forme de coopération qui demande explication.

Le comportement coopératif humain se différencie en effet de chacune des autres sortes de coopération, au niveau des types de réussite ou d'échec produits, des capacités nécessaires à sa manifestation et des cas dans lesquels il peut être observé. Toutes ces raisons militent en faveur d'une analyse spécifique de la

1. *Cf.* H. Wimmer, J. Perner, « Beliefs about beliefs. Representation and constraining function of wrong beliefs in young children's understanding of deception », *Cognition*, 13, 1983, p. 103-128.

2. *Cf.* B. Hare, M. Tomasello, « Chimpanzees are more skillful in competitive than in cooperative cognitive tasks », *Animal Behaviour*, 68, 2004, p. 571-581.

coopération humaine, produit d'êtres individualisés, rationnels, hésitants, calculateurs et inconstants.

Le but de ce livre est double. D'une part, il présente les nombreuses théories de la coopération, qui ne sont presque jamais réunies dans un même ouvrage car elles ont souvent été développées indépendamment et appartiennent des domaines divers : philosophie, théorie des jeux, psychologie, biologie, anthropologie, éthologie. Il s'agit donc de donner un aperçu général de la majorité des travaux concernant la coopération. D'autre part, nous avancerons également certaines thèses originales, pour l'élaboration desquelles les différents chapitres ont été ordonnés. Il s'agit donc de rassembler des thèmes normalement isolés les uns des autres, à la fois dans un certain souci d'exhaustivité mais aussi parce qu'ils ont tous un rôle à jouer dans une théorie générale de la coopération.

Les chapitres ont été rendus aussi indépendants les uns des autres que possible, afin de ne pas exclure le lecteur ne s'intéressant qu'à un aspect spécifique de la coopération. Ils mènent cependant pas à pas à la thèse générale du dernier chapitre. Les deux premiers chapitres, consacrés aux définitions, sont les plus abstraits et purement philosophiques. Le chapitre I, qui peut être lu indépendamment, expose les définitions philosophiques de la coopération, leurs analyses et leurs critiques; cette discussion justifie les thèmes des chapitres suivants. Le chapitre II analyse le concept de connaissance commune et peut-être lu indépendamment des autres, même s'il fournit une réponse à l'une des critiques précédentes.

Le lecteur davantage intéressé par les aspects plus concrets du comportement coopératif pourra se reporter en priorité aux chapitres suivants, qui se concentrent sur les explications et résultats expérimentaux. Au chapitre III sont évoquées les explications du comportement coopératif, qu'elles s'intéressent à son apparition et son évolution au sein des espèces animales ou à sa justification rationnelle. Il peut lui aussi être lu indépendamment. Le chapitre IV passe en revue les facteurs psychologiques influençant le comportement coopératif, ce qui peut être lu indépendamment, puis les utilise pour fonder une explication rationnelle et réaliste de la coopération, dont la compréhension nécessite d'avoir lu la seconde partie du chapitre III.

Enfin, le chapitre V rassemble l'essentiel des thèmes précédents pour construire une définition cohérente d'une forme minimale de coopération et nécessite donc d'avoir lu les autres chapitres, même si sa première section, qui analyse des exemples concrets de coopération, peut être lue indépendamment.

Chapitre premier

DÉFINITIONS

Lorsqu'on observe un groupe de personnes en train d'agir, quels sont les cas où l'on peut dire qu'elles coopèrent ? Cette question, posée dès l'introduction, est celle qui va nous occuper dans ce chapitre. Il existe plusieurs façons d'y répondre, également intuitives mais pourtant difficilement compatibles, et souffrant d'insuffisances communes.

Notions fondamentales

Dans les débats sur la nature de la coopération apparaissent régulièrement plusieurs termes semblables, dont le sens n'est pas toujours clair. Certains auteurs emploient de plus des termes identiques en des sens distincts, ce qui peut rendre la discussion ambiguë ou confuse. Au fond, y a-t-il une différence fondamentale entre coopération, coordination, action collective et action conjointe ? Les sections suivantes ont pour objectif de clarifier les acceptions possibles de ces expressions et d'indiquer celles que nous préférons employer.

Actions collectives

Il a été question, dans l'introduction, de la coopération et de l'action collective et nous avons supposé que l'action collective était une base minimale de la coopération. Quelles sont les différences entre ces deux notions ? À l'évidence, on peut concevoir une action collective sans qu'il y ait coopération : par exemple, une foule dans un parc se réfugiant sous un même abri alors qu'il vient de se mettre à pleuvoir[1]. Intuitivement, il suffit que plusieurs individus agissent ensemble pour que se produise une action collective. Plus précisément, *pour qu'il y ait action collective, il est suffisant d'avoir plusieurs agents dont l'ensemble des actions produit un effet global remarquable*. Imaginons un groupe d'individus qui jettent chacun en l'air un caillou au hasard, les cailloux une fois retombés figurant un motif particulier (mettons une façade de maison). Ce résultat a beau être indépendant de la volonté des individus, on peut affirmer qu'il provient d'une action collective – une simple juxtaposition d'actions individuelles[2].

Cette définition, aussi simple qu'elle paraisse, n'est pas pour autant neutre ou objective. Elle possède en effet ce qu'on appelle une dimension *épistémique*, c'est-à-dire qu'elle dépend des connaissances ou des croyances de l'agent. Un « effet global remarquable » doit être remarquable pour quelqu'un. Cela implique la présence d'un observateur, doté de certaines capacités perceptives et cognitives. On peut mettre de côté les aléas physiques de l'observation (bruit, distraction) et des variations entre individus en précisant par exemple « remarquable par un être humain normal dans des conditions d'observation standard ». Mais subsiste le problème de fond consistant à déterminer ce qui est remarquable.

Cette question rejoint une problématique plus globale, celle de l'émergence. Un effet remarquable peut être perçu comme un phénomène émergent, c'est-à-dire une conséquence observable née de l'ensemble de toutes les actions d'un groupe d'agents, sans que l'on puisse pour autant en trouver la trace dans l'écheveau des causes microscopiques qui y ont mené. Mais la notion de phénomène émergent n'est pas nécessaire à la définition d'une action collective. Certaines actions collectives, comme de porter une table à plusieurs, sont parfaitement compréhensibles et prévisibles à partir des actions individuelles qui les composent. Il sera suffisant de garder à l'esprit que le résultat d'une action

1. L'exemple est dû à J. Searle, « Collective intentions and actions », *in* P. Cohen, J. Morgan, M.E. Pollack (eds), *Intentions in Communication*, Cambridge, MA, MIT Press, 1990, p. 401-415.

2. On parle parfois de manière équivalente de *coaction*.

collective peut à l'occasion totalement échapper aux prévisions de tout observateur des actions individuelles qui la composent.

Toute coopération, qui présuppose la juxtaposition des actions de plusieurs individus, est donc au minimum une action collective. Mais elle nécessite à l'évidence un élément supplémentaire qui exprimerait un « lien » entre les agents. Les verbes utilisés pour décrire les actions d'individus qui coopèrent sont en général suivis de la préposition « avec » ou de l'adverbe « ensemble ». Ces termes peuvent renvoyer à une simple action collective ou à quelque chose de plus articulé : « courir ensemble » peut indiquer la simple simultanéité de deux actions, quand « penser avec » évoque l'idée d'une communauté. Dans leurs utilisations les plus fréquentes, « avec » et « ensemble » indiquent l'idée qu'une action a été accomplie au cours d'une interaction impliquant davantage que la simple juxtaposition physique des actions individuelles. D'autres expressions courantes esquissent la nature de cette interaction. Coopérer se dit aussi « travailler conjointement avec quelqu'un », le terme « conjointement » renvoyant aux expressions « de concert », « d'intelligence », « de connivence » ou encore « par un accord tacite ». Toutes ces expressions indiquent une certaine proximité ou cohérence entre les *états mentaux* des agents impliqués[1]. Autrement dit, il semble que pour coopérer, les états mentaux des agents doivent avoir une certaine cohérence, voire une ressemblance. Ils doivent aussi dépendre les uns des autres – les individus doivent par exemple avoir des croyances concernant les croyances d'autrui.

Dans l'exemple de l'abri, qui met en scène une simple action collective, personne n'a besoin d'observer ce que font les autres, ni pour décider de s'abriter, ni pour se déplacer vers l'abri ; chacun a simplement l'intention de se mettre à l'abri. Dans l'exemple des cailloux, qu'aurait-il fallu ajouter pour que l'on puisse parler de coopération ? Il aurait fallu que les agents aient tous l'intention de réaliser le dessin d'une maison, aient conscience de

1. « État mental » est ici un terme générique qui peut désigner une croyance, une connaissance, une intention, etc. Notons qu'un état mental n'est pas nécessairement conscient.

l'intention identique des autres, et aient chacun lancé leur caillou en conséquence, c'est-à-dire en tenant compte des endroits où les autres allaient probablement lancer le leur (la tâche est évidemment presque impossible). Il s'agit en fait d'une juxtaposition de décisions individuelles, qui, prises simultanément par les individus s'y trouvant confrontés, aboutissent naturellement de la part de chacun à une action adaptée aux autres et contribuant au résultat recherché. Or chacun choisit son action (l'endroit où lancer son caillou) en fonction de ses connaissances ou de ses croyances sur les possibilités, connaissances, croyances et intentions des autres. On parle dans ce cas de *problèmes stratégiques* plutôt que de problèmes de décision, afin de souligner que les résultats proviennent d'un processus d'interaction et non d'une simple résolution indépendante de problèmes individuels : chacun choisit son action au regard des actions dont il prévoit que les autres les choisiront. On obtient ainsi un véritable tissu d'actions et d'états mentaux.

Il suit de ces remarques que le concept de coopération ne peut pas être déduit uniquement de l'observation de situations. Vu de l'extérieur, un ensemble de comportements individuels pourrait aussi bien être un cas d'action collective que de coopération. Un simple observateur ne peut savoir si les individus se dirigent vers l'abri en même temps et de façon accidentelle ou bien s'ils sont des habitués du parc et se sont progressivement accoutumés à tous aller s'abriter au même endroit. On peut imaginer une situation plus subtile, où deux agents qui auraient, avant l'orage, échangé un regard anodin l'ont chacun interprété comme une marque d'intérêt mutuel et se réfugient donc sous le même abri en partie parce qu'ils espèrent engager la conversation. Le degré coopératif d'une situation est semblable au goût d'une sauce, allant de l'insipide au savoureux selon la nature des ingrédients et la façon dont ils s'harmonisent les uns aux autres. Et ces ingrédients essentiels sont ici des états mentaux.

Une action collective pourrait donc être caractérisée par un ensemble d'actions disponibles pour chaque agent, l'action observée dépendant du choix individuel (lancer une pierre à peu près verticalement plutôt qu'avec un angle d'environ quarante-cinq degrés) et du hasard. On parlera d'action collective si la combinaison des actions forme un résultat remarquable par un observateur extérieur : par exemple, comme dit précédemment, lorsque les pierres forment sur le sol le dessin d'une maison. La définition d'une action collective ne nécessite aucune mention des états mentaux des auteurs de l'action. Seule la situation concrète, accessible à un observateur extérieur, et quelques caractéristiques cognitives de cet observateur, permettant de définir ce qui lui semblera « remarquable » ou non, sont à première vue nécessaires. Le passage à la coopération se fera par l'ajout de conditions portant sur les états mentaux des agents, stipulant par exemple qu'ils avaient décidé de faire ce qu'ils allaient faire, qu'ils avaient l'intention de le faire, et qu'ils étaient conscients de le faire « ensemble ». On peut exprimer ceci de la façon suivante :

Coopération = Action collective (observable) + certains états mentaux (non observables)

La coopération serait, en première instance, équivalente à la donnée d'une action collective primitive, à laquelle on doit ajouter une justification, ou explication, de la façon dont l'action a été effectuée par les agents – la donnée d'états mentaux particuliers assurant qu'ils ont bien « agi ensemble ». Chercher à définir la coopération revient à chercher à définir ces états mentaux et donc à comprendre le sens précis que peuvent prendre les termes ou expressions du type « ensemble », « de concert », « conjointement ».

Coordination

Après « action collective », un second terme mérite clarification : celui de « coordination ». Quelle est la différence entre des agents qui se coordonnent et d'autres qui coopèrent? Contrairement à l'action collective, la « coordination » peut prendre des sens extrêmement variés en fonction du contexte et de la discipline.

Premièrement, la coordination peut désigner la simple *synchronisation* de mouvements ou d'actions, ce qui n'implique aucune coopération. Les mouvements de nageurs en compétition peuvent se trouver momentanément coordonnés du point de vue du spectateur sans que cela ne procède d'une coopération entre eux. Il s'agit ici d'un type d'action collective.

Deuxièmement, on nomme « coordination » l'*accomplissement réussi* des actions résultant de la coopération. Il s'agit du processus par lequel la coopération est atteinte. Par exemple, lorsque plusieurs états décident de coopérer contre le terrorisme, leurs bureaux de services secrets respectifs chercheront à coordonner leurs actions. Cette coordination est une condition nécessaire au bon déroulement de la coopération – sa mise en œuvre pratique : des agents peuvent souhaiter coopérer mais échouer à se coordonner. Elle est à la synchronisation ce que la coopération est à l'action collective, car elle implique un élément intentionnel de la part des individus concernés. La synchronisation est purement observable, et la coordination peut ici être vue comme une synchronisation volontaire.

Troisièmement, il arrive que la coopération soit prise en un sens très faible d'obtention de bénéfice mutuel. On dit alors que des individus ont coopéré à partir de la simple constatation que les conséquences de leurs actions leur profitent à tous, autrement dit en fonction de la nature du *résultat* de leurs actions. Dans un tel cas, la coordination désigne alors souvent non pas l'unique mais l'un des multiples moyens physiques par lesquels elle peut être atteinte. Grossièrement, tout mécanisme qui a pu mener à ce bénéfice mutuel peut être qualifié de coordination en ce sens. Cet emploi est en général réservé à l'informatique et aux cas de coopération entre agents artificiels, ou processeurs. Peuvent alors être qualifiés de coordination un montage en parallèle, une procédure de partage du temps de calcul ou de minimisation des conflits, etc.

Quatrièmement, un usage répandu dans le milieu informatique consiste à parler de coordination dès qu'émerge un certain *ordre* au sein d'un groupe d'agents artificiels. Il s'agit ici précisément de la définition de l'action collective telle qu'elle a été donnée précédemment.

Cinquièmement, toujours en informatique, la coordination peut prendre au contraire un sens plus général : il s'agit à la fois de l'état d'un groupe d'agents dans lequel les actions des uns sont adaptées à celles des autres, et du processus ayant mené à cet état. Il s'agit donc d'une *forme spécifique d'interaction* entre les agents pouvant être réalisée de multiples façons, dont deux sont particulièrement notables : la compétition, où le succès d'un agent implique l'échec des autres, et la coopération, où les agents réussissent ou échouent ensemble. De ce point de vue également, la coordination reste une notion proche de l'action collective définie plus haut.

Enfin, il existe un sixième et dernier sens très particulier du terme « coordination ». Dans un célèbre ouvrage sur les conventions, David Lewis définit ce qu'il appelle l'*équilibre de coordination* et le *problème de coordination*. Un équilibre de coordination est une combinaison d'actions d'individus telle que tous seraient lésés si un seul d'entre eux modifiait son action. Par exemple, imaginons un groupe de quatre amis souhaitant disputer un match de tennis et se rendant sur un court : l'ensemble des quatre actions (chacun se rend sur le court spécifié) forme un équilibre de coordination car si l'un d'entre eux ne venait pas, tous en pâtiraient. Un problème de coordination est alors défini comme une situation dans laquelle il existe plusieurs équilibres de coordination distincts pour le même groupe d'individus. Dans cet exemple, cela correspondrait à une situation où les joueurs ont le choix entre deux courts de tennis situés à des endroits éloignés : les joueurs savent qu'ils doivent se coordonner mais ont plusieurs façons de le faire. La coordination est ici ce qui permet de résoudre une situation qui offre plusieurs possibilités (mutuellement exclusives) de coopération. Ce concept de coordination ne correspond donc qu'à un cas particulier de situations coopératives.

Lorsque nous emploierons le terme « coordination » seul, il correspondra par défaut à la version pragmatique que donne le sens commun – notre deuxième cas. En effet, le premier sens concerne principalement des phénomènes contingents, comme une synchronisation fortuite, et est en principe couvert par le sens de l'expression « action collective ». Soit la coordination de mouvements ou d'actions est instantanée et disparaît aussitôt, ce qui revient quasiment à un événement aléatoire; soit elle se prolonge au point d'être remarquable et elle tombe sous la définition d'une action collective. Quant aux autres sens, ils appartiennent à des domaines ou correspondent à des cas trop spécifiques pour être utiles à la définition de la coopération.

DÉFINITIONS

Pourquoi définir la coopération?

Tuomela a constaté que : « [l]es contributions philosophiques [sur la coopération] sont étonnamment peu nombreuses. Certes, la notion de coopération entre en compte dans divers contextes philosophiques, mais on trouve très peu d'études approfondies de la coopération en philosophie analytique[1]. » De fait, à part Tuomela lui-même, très peu d'auteurs ont cherché à cerner la variété des éléments composant la coopération, préférant en donner une définition unique concentrée sur un aspect particulier. Les travaux étudiant la coopération se basent ainsi souvent sur l'analyse d'un concept « social » ou collectif différent. L'analyse définitionnelle du concept permet en premier lieu d'éviter la dispersion et de comprendre les connexions des problèmes entremêlés.

D'abord, il est courant d'attribuer à un groupe une intention : « la France compte faire tout son possible pour obtenir la baisse de la TVA pour les restaurateurs »; « On sent que l'équipe a envie d'égaliser ». Or un groupe n'a pas d'esprit, une telle *intention collective* n'est donc pas identique à une intention individuelle. Comment est-elle composée, quel est son lien avec les intentions individuelles des agents composant le groupe? Ensuite, il est tout aussi commun d'attribuer à un groupe des croyances : « La France estime que l'Iran présente un danger »; « Ma famille croit que je n'aurais pas dû me marier si tôt ». Comme dans le cas précédent se pose la question du rapport entre cette *croyance collective* et les croyances des membres du groupe. Enfin, puisque les groupes se voient attribuer des états mentaux divers, ils sont généralement considérés, au moins dans le langage courant, comme des individus à part entière. La question est alors : dans quelles conditions et dans quelle mesure peut-on considérer un groupe comme un individu?

1. R. Tuomela, *Cooperation. A philosophical study*, Dordrecht, Kluwer, 2000.

Ces questions de la nature des groupes, des croyances et des intentions collectives, sont toutes liées au concept de coopération. Pour le comprendre, faisons une analogie avec l'action individuelle. Une façon bien établie d'expliquer une action individuelle consiste à donner les désirs et croyances qui y ont mené pour justifier l'intention d'un individu. Par exemple, le fait que j'ouvre mon parapluie sera expliqué par mon désir de ne pas être mouillé ainsi que par mes croyances qu'il pleut et que mon parapluie me protégera de la pluie; qui constituent les raisons de mon intention d'ouvrir le parapluie[1]. Or la coopération – l'action d'un groupe – semble pouvoir être expliquée de la même façon : par la donnée d'un auteur de l'action (ici le groupe), de ses désirs et croyances, et de ses intentions. Il faut alors être en mesure de définir des désirs, des croyances et des intentions collectifs. Il y a donc coopération lorsqu'un groupe accomplit une action qu'il avait l'intention collective d'accomplir; cette intention étant justifiée par un désir commun et des croyances collectives.

De quoi est composée la coopération?

Que faut-il ajouter à une action collective pour obtenir de la coopération? Une première définition, élémentaire, indique de quelle nature sont les « bons » ingrédients de la coopération.

Dans un ouvrage déjà ancien et rarement cité par ceux qui tentent de définir la coopération, Donald Regan tente de déterminer une bonne règle d'action pour l'individu souhaitant contribuer à l'intérêt général. Il la définit comme la nécessité de « coopérer, avec tous ceux qui coopèrent, pour produire les meilleures conséquences possibles étant donné le comportement des non-coopérants[2] ». Regan se livre à une explication préalable de ce que signifie coopérer, ou plus exactement « coopérer dans la production des meilleures conséquences possibles », ces dernières étant supposées être connues dès le départ. Il élabore son explication à partir de la question élémentaire suivante : Paul et Virginie disposant chacun

1. Ce type d'explication rencontre divers problèmes, dont la description sortirait du cadre de ce livre.

2. *Cf.* D. Regan, *Utilitarianism and Cooperation*, Oxford, Clarendon Press, 1980.

de deux actions possibles, l'une coopérative (appelons-la C), l'autre non (D), comment peuvent-ils *échouer* à coopérer? Les réponses fournissent alors ce qu'on peut considérer comme les éléments de la coopération.

Paul pourrait par exemple tout simplement choisir D. Mais « coopérer est davantage qu'une simple question de comportement correct ». La coopération peut échouer pour d'autres raisons que l'accomplissement de la mauvaise action : cela renvoie à notre remarque initiale que la coopération ne saurait se déduire de la seule observation extérieure. Paul pourrait également choisir C par erreur – par exemple s'il ne souhaite pas coopérer et croit de façon erronée que c'est C (et non D) qui est l'action non coopérative. On peut également imaginer qu'il choisisse C en croyant que l'action coopérative pour Virginie est D : auquel cas, même si le résultat obtenu (CC)[1] entraîne les meilleures conséquences possibles, il ne s'agit pas de coopération puisque Paul n'avait pas une *compréhension correcte* de ce que sont les meilleures conséquences possibles. Pour avoir coopération, il est donc nécessaire que Paul et Virginie choisissent tous deux la bonne action avec l'intention et la motivation appropriées : « Pour qu'un agent soit dit coopérer, il doit tenter d'atteindre un résultat de valeur conjointe par un comportement coordonné »[2]. Ils doivent en outre comprendre correctement la situation.

Mais ces conditions ne sont pas encore suffisantes. Paul et Virginie pourraient avoir la compréhension et la motivation correctes, mais penser chacun que l'autre est dans l'erreur (que D est coopérative) avec une motivation non coopérative. Le résultat produit serait encore CC, sans qu'on puisse parler de coopération. De la même façon, Paul pourrait avoir la compréhension et la motivation correctes, croire que Virginie les a également mais ne pas croire que lui les a véritablement. Les agents doivent être bien intentionnés et bien informés, conscients qu'ils le sont, conscients qu'ils sont conscients qu'ils le sont, et ainsi de suite :

1. Nous notons ainsi la combinaison d'actions accomplies : CC si tous deux ont coopéré, CD si le premier a coopéré et l'autre pas, etc.

2. D. Regan, *Utilitarianism and Cooperation*, Oxford, Clarendon Press, 1980, p. 127 (notre traduction).

« La coopération implique une hiérarchie potentiellement infinie de croyances réciproques [...] Le phénomène qui m'intéresse est la réalisation conjointe de buts communs par des agents qui sont mutuellement conscients. » Il s'agit d'une exigence forte en ce qui concerne les états mentaux des agents, puisqu'elle semble impliquer une infinité de croyances imbriquées (dans cette version). Une telle structure de croyances est habituellement appelée *croyance commune*[1].

Résumons. Selon l'approche de Regan, les critères élémentaires de la coopération comprennent donc au minimum : la donnée d'une *combinaison d'actions optimale* pour un groupe d'individus; la réalisation de cette combinaison; pour chacun la *compréhension correcte* de cette combinaison optimale – c'est-à-dire la garantie que chacun agit *pour les bonnes raisons*; l'*intention* de participer à sa réalisation; et la *croyance commune* au sein du groupe de la compréhension et des intentions correctes de chacun. Autrement dit, la coopération est caractérisée par certains aspects concrets de la situation initiale, par des états mentaux imbriqués (portant en partie les uns sur les autres) apparus de façon justifiée et par l'accomplissement effectif des actions appropriées qui en découle. La coopération présente donc en première analyse une *structure tripartite* que nous retrouverons constamment et que nous résumons comme suit : *présuppositions, prémisses et réalisation*[2]. Il faut également garder à l'esprit le rôle particulier de la croyance commune, qui est en quelque sorte une méta-condition (une condition qui a pour objet d'autres conditions) : nous verrons qu'il s'agit également d'une caractéristique partagée par toutes les définitions de la coopération.

Regan signale également certains éléments *qui ne sont pas* des ingrédients nécessaires à la coopération, contrairement à ce que l'intuition pourrait suggérer : c'est le cas des accords explicites entre les individus concernant les actions à choisir. Deux individus ayant suffisamment confiance l'un en l'autre pourront en effet se passer

1. On pourrait de même définir la *connaissance commune*. Nous reviendrons sur ces concepts, qui feront l'objet du prochain chapitre.

2. Ces termes sont repris du vocabulaire de Tuomela.

de tels accords. De plus, un accord ne sert en général qu'à donner aux individus certaines attentes concernant le comportement futur de l'autre, sans leur procurer de garantie. Suivons encore Regan : « Il y a un élément de coopération requis même lorsqu'un accord explicite est conjointement respecté. [...] Alors que les accords peuvent être utiles aux coopérants, à notre sens la coopération est souvent la précondition pour l'utilisation d'un tel accord ». En d'autres termes, le concept de coopération est nécessaire pour comprendre ce qu'est un accord, et non le contraire.

La définition de Regan n'est pas satisfaisante selon nous. Mais la concision et la clarté de son analyse ont permis d'introduire certains éléments potentiellement pertinents pour définir la coopération (buts, croyances, intentions, accords...) ainsi que de présenter la méthode générale de recherche de ces éléments de la coopération. Avant d'aborder les véritables définitions, deux remarques peuvent être faites. D'abord, les analyses données jusqu'ici font principalement appel à l'*intuition*. L'adoption ou le rejet d'un élément potentiel à la coopération se fait par le biais d'exemples dont on décide intuitivement s'ils sont bien des cas de coopération ou non. Ce type de raisonnement mène en général à l'obtention d'éléments *nécessaires* à la coopération : on imagine des situations desquelles ils sont absents et on en appelle à la notion commune de coopération pour montrer qu'elle ne s'y applique intuitivement pas.

Ensuite, comme nous l'avons remarqué dans l'introduction, la coopération que nous tentons de définir est un concept fondamentalement anthropomorphique. Il est généralement admis que la coopération animale (non humaine) est radicalement différente de la coopération humaine, d'abord parce qu'elle n'a pas la même efficacité, ensuite parce qu'elle est explicable, soit sans référence à des états mentaux (les fourmis), soit sous l'hypothèse d'états mentaux en tout cas plus rudimentaires que ceux des êtres humains (les singes) et qui ne conviennent donc pas à la complexité de contenu que les théories de la coopération exigent. Il s'agit d'une position par défaut. Il n'est pas question de refuser par principe l'emploi du terme de coopération pour qualifier des comportements animaux, pas plus que l'existence de certains états mentaux chez les animaux. Reste que le concept intuitif de coopération est fondé sur des critères présents *au minimum* chez un être humain, si bien que la réponse à la question de la légitimité de son application à l'animal doit être une conséquence du débat sur la nature des états mentaux animaux et non du débat sur la nature de la coopération. Les définitions de la coopération n'ont donc pas d'influence, et ne devraient pas en avoir, sur les descriptions de comportements animaux.

Une définition élémentaire

Avant de passer en revue les principales définitions de la coopération, voici d'abord un exemple simple qui permettra de comprendre le principe d'une définition explicite. Par la suite, les définitions seront décrites et commentées sans entrer dans un tel niveau de détail.

Un exemple simplifié[1] suggère que l'on pourrait définir une « intention de groupe » en juxtaposant intentions individuelles et croyance commune. Soit une action conjointe A composée de deux actions A1 et A2 respectivement effectuables par les agents P1 et P2. P1 aura une *intention de groupe* par rapport à A si :

(i) P1 a l'intention de faire A1,
(ii) P1 croit que P2 fera A2,
(iii) P1 croit que P2 croit que P1 fera A1,
… et ainsi de suite.

On peut reformuler ainsi :

(i) P1 a l'intention de faire A1,
(ii) P1 croit qu'il est de croyance commune entre lui et P2 qu'ils feront respectivement A1 et A2.

Ici, l'intention de groupe est une intention individuelle. Une véritable intention collective sera simplement constituée des deux intentions de groupe de P1 et de P2. Il est difficile d'imaginer une caractérisation plus dépouillée. L'intention collective revient à la somme des intentions de chacun de faire sa part,

1. Tiré de R. Tuomela, K. Miller, « We-intentions », *Philosophical Studies*, 53, 1988, p. 367-389. Les auteurs ne mentionnent cet ensemble de conditions que pour clarifier une partie de leur véritable définition, autrement plus complexe. Il est cependant utile de le discuter à titre d'exemple naïf et de point de départ intuitif.

ces intentions étant de surcroît de croyance commune – c'est-à-dire transparentes, ou publiques. Cette définition est cependant intéressante pour une autre raison : elle révèle le fait que la majorité des définitions de la coopération tendent à être *individualistes*, c'est-à-dire tentent d'engendrer des propriétés collectives à partir de concepts individuels. En d'autres termes, elles supposent que certaines propriétés collectives sont *réductibles* à des propriétés individuelles. En sciences sociales, cela correspond à l'adhésion à la doctrine appelée *individualisme méthodologique*, qui, bien que souvent privilégiée, n'est pas la seule option. On pourrait également soutenir que certains concepts collectifs ne peuvent être ramenés à une combinaison de propriétés individuelles, et qu'au contraire ce sont eux qui expliquent certaines de ces propriétés. Une bonne partie des définitions de la coopération sont d'obédience individualiste; mais certaines définitions majeures embrassent l'option opposée et admettent que certains aspects de la coopération (voire tous) sont irréductibles. Le rejet le plus complet est illustré par l'analyse suivante.

John Searle : intentions collectives primitives

La définition de Searle fait encore aujourd'hui figure d'exception, d'abord par son refus radical de tout individualisme méthodologique mais aussi par sa brièveté. Cela la rend à la fois simple à résumer et difficile à discuter, en raison du manque de détails et d'arguments définitifs – Searle reconnaît lui-même à plusieurs reprises qu'il offre davantage des intuitions que des preuves ou qu'une définition analytique précise. La différence avec les théories classiques n'en est pas moins radicale.

Searle propose une analyse, non de la coopération elle-même, mais des intentions collectives. Les deux concepts sont cependant extrêmement proches, puisqu'une intention collective correspond à l'état intentionnel dans lequel se trouvent les membres d'un groupe lorsqu'ils coopèrent. La thèse de Searle est simple : « Le comportement collectif intentionnel est un phénomène primitif qui ne peut pas être analysé comme la seule somme de comportements individuels intentionnels; et les intentions collectives exprimées sous la forme “Nous avons l’intention de faire ceci et cela”, et “Nous faisons ceci et cela” sont aussi des phénomènes primitifs et ne peuvent être analysés en termes d’intentions individuelles exprimées sous la forme “J’ai l’intention de faire ceci et cela” ou “Je fais ceci et cela” »[1]. Mais comment définir une intention collective si elle n’est pas composée d’intentions individuelles? Pour Searle, une intention de groupe est simplement du type : « Nous avons l’intention de faire ceci et cela ». Elle est irréductiblement collective puisque le *sujet* de l’intention est un « nous ».

Pourquoi Searle développe-t-il une théorie aussi étrange et incomplète, dont il avoue lui-même ne pas être sûr qu’elle soit la bonne? C’est l’insuffisance flagrante des définitions individualistes classiques qui l’y pousse. En effet, si une intention collective n’était qu’un ensemble d’intentions individuelles saupoudré de croyance commune, certains cas inacceptables se retrouveraient qualifiés de coopératifs. Searle donne l’exemple d’un ensemble d’individus sortant d’une même école, tous individuellement persuadés que c’est en agissant égoïstement qu’ils seront le plus bénéfique à l’humanité, tous croyants que les autres agiront égoïstement, et tous croyants également que cette situation est de croyance commune entre eux (en vertu de l’éducation identique qu’ils ont reçue). Alors, d’après la définition élémentaire introduite plus haut, il existerait une intention collective, et on pourrait donc parler de coopération entre ces agents. Pour Searle en revanche, il n’y aurait coopération qu’à partir du moment où ces individus se seraient, par exemple, tous promis d’agir égoïstement afin d’aider l’humanité. Autrement dit, puisque les définitions conformes à l’individualisme méthodologique rencontrent selon lui invariablement l’échec, il devient tentant d’explorer l’hypothèse selon laquelle les phénomènes collectifs sont en un sens irréductibles.

Quelle est la riposte des individualistes? Elle consiste à soutenir que la définition individualiste de l’intention collective est incomplète si elle n’est fondée que sur des intentions individuelles et une croyance commune. De fait, Tuomela et Miller ont également

1. J. Searle, « Collective intentions and actions », *in* P. Cohen, J. Morgan, M.E. Pollack (eds), *Intentions in Communication*, Cambridge, MA, MIT Press, 1990, p. 401.

recours à une notion de but collectif, nécessaire selon eux. Nous donnerons plus bas un exemple de telles réponses. Elles ne satisfont cependant pas Searle, pour qui un but collectif nécessite déjà la présence d'une intention collective et ne peut donc contribuer à sa définition sans la rendre circulaire.

L'analyse de Searle comporte une dernière caractéristique discutable : elle est *internaliste*, c'est-à-dire que des individus peuvent avoir une intention collective de faire quelque chose tous en se méprenant sur le monde extérieur. Des cerveaux dans une cuve, incapables de toute action mais recevant de fausses informations leur faisant croire qu'ils possèdent un corps entier, pourraient donc avoir une véritable intention collective. Ce type de discussion ne concerne pas spécifiquement les intentions collectives mais toute sorte d'intention. Autrement dit, la question de l'internalisme des intentions collectives est indépendante de celle de leur juste définition. Nous ne la discuterons donc pas plus avant.

Margaret Gilbert : engagements et obligations

Gilbert donne l'exemple parfait d'un problème de caractérisation d'un concept « social » qui nécessite une définition préalable de la coopération. Son intérêt initial est de déterminer ce qu'est un « groupe social » : quelles propriétés doit avoir un groupe pour être comparable à un agent individuel, au sens où il puisse se voir attribuer des attitudes (intentions, croyances…) et où ses membres se sentent fondés à employer le pronom « nous » ? La notion de groupe retenue par Gilbert est celle de « sujet pluriel » ; et l'analyse d'un sujet pluriel est donnée à travers celles, équivalentes, des notions d'« action conjointe », de « partage dans l'action », de « faire les choses ensemble en un sens fort », bref de coopération.[1]

Gilbert se livre à deux analyses. L'une porte sur les prémisses de la coopération (les états mentaux la précédant), l'autre sur sa réalisation. Juste avant de coopérer, des agents seront « conjointement disposés à [s'engager ensemble] dans l'action A dans des circonstances C si et seulement si il est de connaissance commune entre eux qu'ils ont mutuellement exprimé leur quasi-disposition

1. M. Gilbert, *On Social Facts*, Princeton, Princeton University Press, 1989.

à [s'engager] ». Cette formulation peut sembler obscure mais elle est en fait élémentaire : la quasi-disposition à accomplir une action conjointe est simplement une intention conditionnelle de participer, c'est-à-dire une intention de participer seulement *à condition que* les autres aient une intention identique. Autrement dit, quand tous ont cette intention conditionnelle et que ce fait est de connaissance commune, tous se trouvent disposés à agir. Devant porter une table avec trois autres personnes, je n'aurai l'intention de faire l'effort de la soulever que si je crois que les autres ont également cette intention. Ici encore, on retrouve une structure faite d'intentions individuelles particulières qui doivent être de connaissance commune.

La position originale de Gilbert concerne la réalisation de la coopération, qui comporte selon elle un ingrédient *déontique*, c'est-à-dire qu'elle met en jeu une certaine *obligation* : lorsque des agents font quelque chose ensemble, ils ont une obligation de participer à la réalisation de l'objectif commun. Cette obligation n'est pas une contrainte extérieure, légale ou physique : il ne s'agit pas de prétendre qu'il n'y a coopération que lorsque chaque agent est contraint de participer. Être obligé signifie ici simplement accepter de recevoir des reproches si on n'agit pas de la bonne façon. Un exemple simple est celui de deux personnes marchant ensemble. On pourra dire qu'elles marchent effectivement ensemble à partir du moment où, si l'une vient à marcher trop vite ou à s'écarter du chemin par exemple, l'autre lui fera un reproche qui sera accepté et entraînera éventuellement une modification de comportement. Si aucun reproche n'est fait, ou si aucune correction n'est apportée, c'est le signe qu'il n'y a plus de coopération, que les individus ne marchaient pas vraiment « ensemble ».

Gilbert fournit donc ce qu'on peut appeler une définition *dispositionnelle* de la coopération, c'est-à-dire en termes des conséquences qu'elle aurait dans certaines conditions qui ne se produisent pas nécessairement. Cela correspond à notre remarque initiale selon laquelle la coopération n'est jamais purement observable : ce n'est qu'au moment où la coopération risque de disparaître que l'on peut être certain qu'elle était accomplie. Seul un apparent manquement peut susciter un reproche, ce qui indique l'existence de coopération. Pour Gilbert, on ne peut avoir de coopération sans la présence d'*engagements* (explicites ou implicites : un échange de regards peut suffire) qui induisent naturellement une certaine obligation de les respecter.

Michael Bratman : les plans d'action compatibles

Passons à un troisième type de définition, fondé sur une intuition encore différente. Bratman[1] a défini la coopération – qu'il appelle « activité conjointe partagée » – en mettant l'accent sur trois propriétés essentielles. D'abord, en cas de coopération, les individus adaptent leurs actions à celles des autres. Si nous coopérons pour peindre un mur, je ne peindrai pas la partie que tu es en train de peindre. Il s'agit d'une condition d'*adaptabilité*. Deuxièmement, les individus doivent avoir l'intention d'agir ensemble et d'agir de façon compatible avec l'autre. L'idée fondamentale est ici que si des agents cherchent à peindre une maison ensemble, on ne pourra parler de coopération si l'un souhaite la peindre en rouge et l'autre en bleu. C'est le souhait partagé d'agir ensemble de façon cohérente qui motive l'intention d'agir concrète de chacun. Il s'agit d'une condition de *compatibilité*. Troisièmement, les individus doivent être disposés à aider celui ou celle qui ne peut accomplir sa part tout(e) seul(e). En cas de difficulté (si je n'ai plus assez de peinture ou si je suis trop petit pour peindre le haut d'un mur) je suis fondé à attendre de l'aide de mon partenaire. Autrement dit, des aléas mineurs ne sauraient faire échouer la coopération. Il s'agit d'une condition de *stabilité*.

Bratman se place donc dans un cadre d'analyse de la coopération dynamique, c'est-à-dire en incluant la dimension temporelle. Nombre d'actions coopératives ne sont pas instantanées et uniques, mais durent et sont composées d'une succession d'actions plus élémentaires. Ce point de vue concerne ce que nous avons appelé le mode de réalisation de la coopération (sa troisième partie). L'intérêt primordial de la coopération résiderait dans la façon dont les agents interagissent concrètement, réglant constamment leurs

1. M. Bratman, « Shared cooperative activity », *The Philosophical Review*, 101(2), 1992, p. 327-341.

actions l'un par rapport à l'autre. La définition finale de Bratman est individualiste[1] et définit la coopération à partir des intentions individuelles d'agir selon des *plans d'actions concordants*, ou compatibles. Il n'y a coopération que si les individus interagissent de façon compatible, et ont l'intention d'agir parce qu'ils estiment que leurs actions pourraient être compatibles. Cela ne signifie pas qu'ils doivent avoir prévu dans le moindre détail leurs actions futures de sorte qu'elles soient compatibles (ce qui est évidemment impossible dans la plupart des cas), mais simplement qu'il n'existe aucun obstacle manifeste à la réalisation de plans d'action compatibles. Enfin, l'ensemble des conditions (intentions individuelles, possibilité de plans compatibles, adaptabilité, etc.) doit être de connaissance commune entre les individus.

Pour Bratman, les ingrédients essentiels de la coopération comprennent donc l'existence de plans d'action compatibles et d'intentions imbriquées découlant directement de ces plans. Ainsi, les conditions concrètes du déroulement d'une action collective peuvent donner des indices concrets sur l'existence d'une coopération : par exemple, la non-réaction d'un agent au besoin d'aide manifeste d'un autre implique qu'ils ne sont pas en train de coopérer.

Un dernier aspect important mérite d'être signalé. Pour Bratman, il ne suffit pas d'avoir la combinaison de certaines intentions individuelles pour avoir une intention collective; il faut aussi que ces intentions aient été formées pour les bonnes raisons. Autrement dit, les raisons d'agir des individus sont ici cruciales pour la coopération. Nous avions rencontré cette caractéristique lors de la discussion initiale de Regan (une intention fondée sur une mauvaise compréhension de la situation ne convenait pas), mais elle était absente de toutes les définitions suivantes. Ici, une action ne sera pas coopérative si les individus s'y sont engagés sans estimer ou même penser qu'il leur était possible d'accomplir leur tâche ensemble. Autrement dit, il ne peut y avoir coopération sans

1. Bratman mobilise en réalité des intentions individuelles assez étranges, du type : « *J*'ai l'intention que *nous* fassions ceci et cela ». Habituellement, les intentions d'un individu ne concernent que ses propres actions, pas celles d'autrui. Nous laissons de côté ce problème, qui ne concerne pas directement la définition de la coopération.

une certaine rationalité des intentions d'agir. Nous reviendrons sur ce point.

Seumas Miller : buts collectifs

Quatrième des cinq définitions que nous explorons, celle de S. Miller[1] nous permet d'introduire un nouvel élément de la coopération : le but collectif. L'idée fondamentale est ici proche de celle que nous avons signalée chez Bratman : il ne peut y avoir coopération que lorsque les individus ont agi pour certaines raisons. Mais elle est ici considérablement plus forte. Pour Bratman, cette raison nécessaire était la simple possibilité d'interagir de façon compatible avec autrui. Il suffisait que les individus s'accommodent l'un de l'autre. Pour Miller, les individus doivent avoir une raison d'agir identique et en être conscients, en d'autres termes, ils doivent avoir un but commun. Il est inutile d'entrer dans les détails de cette définition dont la structure est semblable aux précédentes : il s'agit d'une juxtaposition d'intentions individuelles, de la présence d'un but identique pour les individus, et de la croyance commune en ces intentions et en ce but.

Qu'est-ce exactement qu'un but collectif? Ce concept reste relativement vague. Un but est différent d'un désir ou d'une préférence : on peut accomplir intentionnellement un acte gratuit (sans but); et on peut agir pour atteindre un but qu'on ne désire pas (si on est par exemple forcé d'agir contre notre gré, ou plus généralement dans le cadre d'un contrat). Pour être pleinement collectif, un but doit être réalisé simultanément par tous les individus, et il doit l'être non pas accidentellement mais nécessairement – ceci pour éviter les cas où deux personnes souhaitent une même chose pour des raisons différentes.

Le recours à la notion de but n'est pas motivé par l'intuition seule. Poser la nécessité d'un but collectif revient à poser une contrainte sur le type d'actions que l'on est prêt à accepter comme faisant partie de la coopération, et donc à éliminer certains types d'actions indésirables. Il s'agit ainsi d'une condition portant sur

1. S. Miller, *Social Action. A Teleogical Account*, New York, Cambridge University Press, 2001 (à ne pas confondre avec K. Miller, co-auteur de Tuomela).

ce que nous avons appelé les présuppositions de la coopération : n'importe quelle combinaison d'actions intentionnelles et publiques ne constitue pas de la coopération. On voit donc que cette notion de but collectif ne nécessite pas l'existence préalable d'un groupe et qu'il est impossible d'obtenir une définition circulaire de la coopération.

Raimo Tuomela : mode de groupe

Là où les auteurs précédents donnaient une seule définition de l'activité coopérative, Tuomela cherche à établir un catalogue exhaustif des éléments composant la coopération et à en définir tous les degrés envisageables. Il balaye ainsi un ensemble allant de la simple action collective aux formes de coopération les plus complètes. Nous présentons ici son concept de coopération pleine et entière. L'aspect le plus remarquable de la définition qu'il propose est qu'elle est constituée par la superposition de plusieurs définitions plus simples. Il existe plusieurs sous-concepts collectifs préalables qui, une fois assemblés, aboutissent à la coopération.

Pour Tuomela, l'ingrédient principal de la coopération est ce qu'il appelle le « mode de groupe » (qu'il oppose au « mode privé ») :

> Le mode de groupe implique essentiellement l'idée de penser et d'agir en tant que membre du groupe, donc pour une raison de groupe… Agir en tant que membre du groupe au sens du mode de groupe implique constitutivement d'agir pour une raison de groupe construite collectivement – le groupe donne aux membres du groupe des raisons de penser, de ressentir des émotions, et d'agir d'une certaine façon […] Le mode de groupe implique essentiellement une construction collective dense : par exemple, un état G est « construit » collectivement pour être « notre » but par un engagement collectif[1].

L'élément central du mode de groupe est la présence d'un but collectif satisfaisant une condition minimale, déjà présente chez Miller : le but n'est satisfait pour un membre que s'il est satisfait

1. R. Tuomela, *The Philosophy of Sociality. The Shared Point of View*, Oxford, Oxford University Press, 2007.

pour tous les autres et ce d'une façon nécessaire résultant d'un processus collectif (discussion, délibération, accord, etc.). La définition d'un but collectif n'a pas besoin de davantage de détails. Dans une version antérieure de sa théorie, Tuomela définissait explicitement un « but collectif intentionnel[1] » en précisant par exemple qu'il doit être de croyance commune entre les individus d'un groupe qu'ils ont adopté ce but, et qu'ils l'ont adopté en partie en raison de cette croyance commune. La référence à une construction collective du but élimine le besoin de tels détails puisqu'elle les entraîne implicitement.

En l'absence d'un tel but collectif, les individus agissent en « mode privé » : on peut encore dire qu'ils coopèrent mais en un sens moins fort. Le principe consiste à dire qu'un individu agira en mode de groupe ou en mode privé selon que son but est fondé sur l'intérêt du groupe ou celui de l'individu. L'intérêt d'un groupe peut en effet être irréductible à celui des individus qui le composent. Il peut être préférable pour une famille de partir en vacances alors que chacun de ses membres souhaiterait rester pour des raisons privées. Un but collectif peut cependant être construit à partir de buts individuels. Et inversement, un but personnel peut être issu d'un but collectif préexistant, par exemple lorsqu'un individu décide de suivre les consignes du comité de direction de son entreprise.

Vient ensuite la définition d'une intention collective. Un individu à l'*intention de groupe* de faire X s'il a l'intention de faire sa part de X, s'il croit que les circonstances dans lesquelles X peut être réalisée se produiront (en particulier que suffisamment d'autres individus feront leur part de X), et que ce fait est de croyance commune au sein du groupe et forme son intention pour ces raisons. Une intention de groupe est donc encore une intention individuelle. À ce stade, un individu n'a pas encore besoin de croyances sur les intentions d'autrui, mais simplement de l'assurance que tous les membres du groupe souhaitent réaliser le même objectif et agissent parce qu'ils l'estiment possible. Autrement dit, l'aspect collectif reste ici concentré dans la définition du but collectif : c'est

1. R. Tuomela, *Cooperation. A philosophical study*, *op. cit.*, p. 36.

parce que les agents se sont assurés de leurs intentions lors de la « construction collective » du but qu'ils partagent que la définition d'une intention de groupe est aussi dépouillée. C'est bien le mode de groupe qui contient en quelque sorte l'essence du collectif.

L'intention collective proprement dite, appelée *intention conjointe*, consiste simplement en un ensemble d'intentions de groupe de la part des participants, qui doivent de plus être de croyance commune entre eux. Cela ne modifie pas les remarques précédentes : si les agents doivent désormais avoir des croyances portant sur leurs intentions respectives, elles ne constituent aucunement des raisons d'agir ou de former leurs propres intentions.

La coopération est alors définie par simple juxtaposition d'un but collectif et d'une intention conjointe, avec la condition supplémentaire que l'existence de cette intention conjointe leur fournit une raison d'agir de la sorte. Les individus ont d'autant plus l'intention d'agir ensemble qu'il est notoire qu'ils ont l'intention d'agir ensemble. En d'autres termes, ils doivent, pour qu'on puisse parler de coopération au sens plein, être conscients du fait qu'ils coopèrent et être en partie motivés par cela.

Un dernier point mérite notre attention. Tuomela est l'un des rares auteurs à avoir pris la peine de définir la coopération *rationnelle* par l'ajout de conditions supplémentaires à la définition standard. Son principe est que les individus coopèrent rationnellement s'ils agissent volontairement sur la base de leurs préférences, c'est-à-dire de leur intérêt, et que celles-ci sont raisonnablement corrélées, c'est-à-dire proches les unes des autres.

Cette dernière étape introduit un élément original qui était absent de toutes les définitions précédentes : les préférences des individus. Il existe deux sortes de préférences ; les agents ont, dans une situation coopérative, des préférences initiales (correspondant par exemple aux gains concrets qu'ils retireraient de telle ou telle combinaison d'actions) et des préférences finales, qui dérivent des premières mais dans lesquelles entrent des paramètres supplémentaires comme l'altruisme de l'agent, son goût pour la coopération, etc. Une différence notable entre préférences initiales et finales tient à ce que ces dernières sont habituellement plus semblables les unes aux autres que les premières, ce qui facilite la coopération entre les agents puisque leurs intérêts sont alors moins conflictuels. Une seconde différence tient à la place qu'elles occupent dans la coopération. Les préférences finales sont une conséquence des présuppositions et prémisses de la coopération, comme l'existence d'un but collectif, la connaissance des intentions d'autrui, etc. Les préférences initiales touchent en revanche aux motivations des individus dans la situation de départ, avant les éventuels accords, engagements, délibérations et promesses. Elles constituent donc une caractéristique de la situation concrète qu'affrontent les individus ; et s'assurer qu'ils prennent leur décision à partir de leurs préférences initiales, qui sont en un sens « naturelles », revient à qualifier la force de leur motivation. En d'autres termes, le recours aux préférences finales peut faire partie de la définition de la coopération en général, mais c'est l'utilisation des préférences initiales qui concerne la définition de la coopération *rationnelle*. Nous reviendrons sur ces notions de préférences initiales et finales aux chapitres III et IV, qui abordent plus précisément l'explication rationnelle de la coopération.

Discussion

La discussion des définitions précédentes va se dérouler en deux temps : en premier lieu, elles seront comparées, et leurs différences seront explicitées ; après quoi elles seront critiquées à partir de leur base commune. Apparaîtra alors un plan général de réponse qui mènera aux chapitres suivants.

Spécificités

Les définitions ont toutes pour origine des intuitions acceptables de ce qu'est la coopération, qui mènent à des caractéristiques centrales différentes. Si l'on accepte l'idée que la coopération n'est pas un phénomène ambigu, c'est-à-dire qu'il existe une limite claire qui marque la différence entre coopération et non-coopération, on doit alors se demander quelle définition est correcte. Pour chaque caractéristique se posent deux questions : peut-on imaginer un cas de coopération intuitivement satisfaisant ne la possédant pas ?

Est-elle explicitement ou implicitement présente dans les autres définitions? Répondre oui à la première question permettrait d'éliminer une définition potentielle; répondre oui à la seconde permettrait de faire d'une définition un cas particulier d'une autre et donc d'unifier différentes définitions. Dans les deux cas, une réponse positive marquerait une progression vers une définition unique.

Nous ne nous attarderons cependant pas sur les définitions de Tuomela-K. Miller, de Searle et de S. Miller. La première, qui a déjà été critiquée, constitue un simple point de départ. La deuxième n'est pas suffisamment explicative et ne correspond pas réellement au projet de définition de la coopération, qui est au moins partiellement individualiste. La troisième, introduisant la notion de but, est déjà un cas particulier du mode collectif de Tuomela. Restent donc en jeu les concepts d'obligation, de plan d'action compatible et de mode collectif.

La définition de Gilbert est de structure moins complexe que les autres. Sa particularité vient de l'aspect déontique (la présence d'obligations) qu'elle considère comme indispensable à une activité coopérative. Il est intuitivement plausible qu'un individu pensant faire quelque chose en coopération avec autrui se sente autorisé à lui faire un reproche s'il abandonne subitement. Mais il est également tout à fait possible d'imaginer des individus s'engageant dans une activité coopérative en s'étant mis d'accord sur le fait que chacun pouvait arrêter quand il le voulait. Il semble y avoir coopération en un sens assez fort, puisqu'il y a alors au moins un accord explicite entre les agents. Mais dans ce cas, aucun agent ne sentirait le besoin de faire des reproches, ni ne s'attendrait à en recevoir, ce qui constitue un contre-exemple à la définition de Gilbert. On pourrait même imaginer qu'un tel accord soit implicite (en vertu par exemple de certaines habitudes des agents, bien établies mais jamais explicitement discutées entre eux) sans que la situation ne change fondamentalement.

De plus, Bratman signale avec justesse que même si les obligations de Gilbert étaient indissociables de la coopération, sa définition serait tout de même compatible avec celles se limitant à un simple réseau d'intentions. Il suffirait en effet de dire qu'en raison des spécificités de la cognition humaine, tout individu ayant de telles intentions sentira toujours l'envie de faire un reproche en cas de manquement d'autrui. Une obligation au sens de Gilbert serait donc automatiquement ressentie par tout être humain se trouvant dans certaines situations d'interaction. Une définition de la coopération n'aurait alors pas besoin de faire explicitement référence aux obligations, puisqu'elles seraient toujours présentes implicitement. Il semble donc que l'on puisse se passer du concept d'obligation pour définir la coopération.

La définition de Bratman paraît elle aussi trop exigeante, par sa référence à l'existence de plans d'action compatibles entre eux. Comme le remarque Tuomela : « Le cas dans lequel des sous-plans individuels préexistent et sont conjointement cohérents n'est peut-être pas très courant dans la vie sociale ». Après tout, même si les individus n'ont pas besoin d'avoir un plan précis avant d'agir, ils doivent être conscients qu'ils peuvent agir de façon compatible. On pourrait objecter que des enfants sont bien capables de coopération alors qu'ils n'anticipent pas nécessairement la durée ni la nature de leur interaction. La référence explicite à des plans compatibles serait donc inutile puisqu'elle serait une simple conséquence logique de l'existence d'une intention collective.

On peut formuler ce constat plus simplement en observant que la référence aux plans compatibles fait partie des *présuppositions* de la coopération, autrement dit des conditions qui la rendent possible. Dire que des agents forment leurs intentions sur la base de croyances en l'existence de plans compatibles signifie simplement qu'ils perçoivent les présuppositions de la coopération, dont l'une des conditions est qu'il existe une combinaison d'actions pouvant mener à la réalisation du but. Bratman spécifie explicitement les présuppositions là où Tuomela les considère comme connues dès le début. La condition d'adaptabilité, ainsi que celle de stabilité (d'aide mutuelle) vont également de soi : elles reviennent à dire que les individus agissent de façon à ce que la combinaison d'actions permette toujours d'aboutir à la réalisation du but. Si l'un des agents se trompe, l'autre l'aidera ou le suppléera car, dans le cas contraire, la réalisation du but serait compromise; c'est une conséquence directe de l'intention collective des agents. Comme pour les obligations de Gilbert, la compatibilité des plans ne semble donc pas être un élément essentiel puisqu'elle découle de la présence d'un but collectif.

Les définitions de Tuomela, en raison de leur nombre et de l'étendue conceptuelle qu'elles couvrent, prêtent naturellement moins le flanc à la critique. Capables au besoin de prendre en compte l'aspect déontique de Gilbert ou la compatibilité des plans d'action à la Bratman, elles ne négligent aucun élément essentiel à la coopération, et sont construites selon le schéma désormais classique imbriquant croyances, intentions, buts et raisons d'agir. Elles présentent cependant plusieurs faiblesses.

D'abord, si l'« essence » de la pleine coopération est clairement identifiée (il s'agit du mode de groupe), elle se situe étrangement à l'extérieur de la batterie de définitions. Tuomela est l'un des seuls philosophes à avoir reconnu la force d'une objection à la Searle, qui montre bien que tant qu'une définition de la coopération reste limitée à une structure d'intentions et de croyances individuelles intriquées, il lui « manque » encore quelque chose. L'introduction d'un concept de but collectif devrait pallier ce manque. Mais lui imposer d'être « collectivement construit » est une condition forte. Au contraire, le mode privé est manifestement trop faible. Le recours au mode de groupe laisse insatisfait celui qui cherche à préciser les conditions exactes d'apparition de la coopération, c'est-à-dire le critère essentiel qui la différencierait d'un type d'action collective sans pour autant la rendre trop puissante. La distinction mode privé/mode de groupe ne coïncide pas avec limite entre coopération et non-coopération.

Ensuite, les liens entre définition et explication sont peu clairs chez Tuomela. On se souvient que, d'après Regan, il ne peut y avoir coopération que si les agents accomplissent la bonne action pour de bonnes raisons – ou en tout cas pas pour certaines mauvaises raisons, qui sont identifiées. L'idée est que s'il peut exister de nombreuses causes à un comportement apparemment coopératif, seules certaines permettent effectivement de le qualifier de coopératif. Cette prise en compte des raisons d'agir montre que l'*explication* de la coopération joue un rôle dans sa *définition* : ne seront coopératives que les actions qui peuvent être expliquées par certaines raisons, donc qui sont *rationnelles* en un certain sens. Or Tuomela, bien que donnant de l'importance aux raisons d'agir, ne voit la rationalité de la coopération que comme une caractéristique possible, souhaitable mais en aucun cas essentielle à sa définition. Il semble donc que seules certaines parties de l'explication de la coopération participent à sa définition, et d'autres non, sans qu'aucune justification générale de ce fait ne soit donnée. Enfin, les références aux raisons de formation des intentions restent en général floues : l'affirmation qu'une intention est formée en partie en raison d'un élément (un but ou une croyance) n'indique rien sur la manière dont la seconde justifie ou cause la première. Identifier la raison d'une intention ne suffit pas à décrire son processus de formation.

En définitive, les trois définitions sont loin d'être aussi éloignées qu'elles ne le semblaient. La définition de Gilbert semble trop forte en raison de son aspect déontique. Mais on pourrait le considérer comme une conséquence cognitive inévitable des autres conditions. De la même façon, les plans compatibles nécessaires, selon Bratman, sont eux aussi des conséquences logiques de la coopération. Par suite, les définitions diffèrent davantage par les aspects qu'elles choisissent ou non de rendre explicites que par les intuitions qui les fondent. Si elles sont semblables, c'est aussi parce que l'analyse de Tuomela englobe toutes les autres. Elle souffre cependant elle-même de certaines lacunes, et échoue à définir les éléments essentiels qui marquent l'apparition de la coopération.

Insuffisances

Les critiques communes qui affectent toutes les définitions proposées sont au nombre de trois. Nous les parcourons ici dans un ordre d'importance croissante.

Premièrement, les présuppositions de la coopération semblent négligées. Rappelons qu'elles correspondent aux aspects concrets liés à sa réalisation, notamment les combinaisons d'actions qui y mènent. Un but peut être atteint par plusieurs combinaisons d'actions. Par exemple, il existe d'innombrables façons dont une équipe de football peut remporter un match. Plus simplement, au sein d'un groupe portant une table, je peux varier mon niveau d'effort ou la façon dont je soutiens la table. Un but collectif peut aussi être atteint par plusieurs groupes ou sous-groupes d'individus. Quatre personnes peuvent décider de porter une table assez légère pour être portée par deux personnes seulement. Dans tous ces cas, la coopération peut être accomplie de multiples façons, qui devraient être spécifiées dans les présuppositions.

Or il semble que de tels paramètres ont bien une influence sur les définitions de la coopération. D'une part, si deux individus au sein d'un groupe savent qu'ils suffisent à atteindre le but collectif, on pourrait considérer qu'ils n'ont plus besoin de prendre en compte les intentions, buts ou croyances d'autres agents (les autres sont en quelque sorte accessoires, voire inutiles). D'autre part, plus les combinaisons d'actions aboutissant à la réalisation sont nombreuses, ou plus il existe de groupes suffisant à l'assurer, plus la coopération se réalisera aisément. Si nous sommes dix et que la table est légère, la porter sera un jeu d'enfant – il suffira qu'il y ait, disons, trois individus motivés et dotés d'une force moyenne. Ce type de situations peut avoir une influence sur l'explication de la coopération, et donc sur sa définition si l'explication y joue un rôle. Mais les définitions de la coopération restent muettes sur ce point.

Deuxièmement, nous avons vu que toutes les définitions faisaient appel à la notion de connaissance ou de croyance commune. Comme le dit Tuomela : « [l']hypothèse de croyance mutuelle est un genre de noyau commun à toutes les tentatives de caractériser les cas non rudimentaires d'action collective ». La description que nous en avons faite invite à penser que puisqu'elle implique une infinité de connaissances ou de croyances, il s'agit d'un concept irréaliste sur le plan cognitif et qui ne peut être appliqué à des êtres humains normaux. Si c'est le cas, et puisque les définitions sont censées être applicables à des cas réels, il faudrait alors soit éliminer toute référence à la connaissance commune soit la remplacer par d'autres conditions plus simples, adaptées aux capacités cognitives humaines. En cas d'échec, la totalité des définitions existantes de la coopération deviendrait caduque.

Troisièmement : une définition de la coopération s'intéresse prioritairement aux conditions nécessaires et suffisantes, donc aux ingrédients *minimaux* de la coopération. Or les définitions ont une caractéristique commune non nécessaire à la coopération. La diversité apparente de ces définitions n'exclut pas qu'existent des formes minimales irréductibles les unes aux autres. Mais la discussion de la section précédente a montré que, pour des raisons différentes, aucune ne semble minimale. La question suivante reste donc posée : « Quelle sorte d'éléments comprend ou doit comprendre la coopération, et jusqu'à quel point peut-elle être faible[1] ? »

Imaginons un groupe de cent agents souhaitant tous le succès d'une manifestation et ayant tous annoncé qu'ils viendraient. Le lieu et les conditions de la manifestation sont tels que s'y rendre effectivement est coûteux. Les agents ne peuvent communiquer et ne découvriront qu'une fois à la manifestation l'identité des autres participants. Imaginons encore que la manifestation soit un succès à partir de cinquante participants. Au départ, aucune participation n'est assurée. Quinze minutes avant le début, tous ont pris leur décision et il se trouve que soixante agents ont décidé de venir : la manifestation est un succès. Notre intuition est qu'on peut légitimement parler de coopération dans ce cas. Tous les agents avaient le même but collectif dont ils souhaitaient la réalisation; mais tous n'avaient pas besoin de participer. Le but collectif a bien été atteint, et les non participants en sont également satisfaits. Ils ne sont pas venus mais ne s'y sont pas opposés et n'ont pas rendu sa réalisation impossible. Or cette situation n'est pas coopérative pour l'ensemble du groupe au sens des définitions que nous avons présentées auparavant : certains membres n'ont pas participé, et ce de manière volontaire – ils n'avaient pas l'intention de participer.

Imaginons maintenant que dans les mêmes conditions, les cent agents soient effectivement venus. Tous ont cette fois eu l'intention correcte, mais ils ne l'ont pas formée pour les bonnes

1. R. Tuomela, *Cooperation. A philosophical study*, *op. cit.*

raisons. On peut imaginer que les agents présents avaient décidé de venir en estimant qu'il y aurait assez de participants pour que la manifestation soit un succès. L'intention de venir a donc été formée non sur la connaissance des intentions des autres participants, mais par exemple d'une estimation des chances que chacun avait de venir. En particulier, il n'y avait pas de connaissance commune de l'ensemble des participants puisque ceux-ci ne connaissaient pas même leurs identités respectives avant d'arriver à la manifestation. Il nous semble pourtant, dans ce second exemple encore plus que dans le premier, que l'on peut légitimement parler de coopération.

Les conditions exigées par les définitions existantes sont donc trop fortes. Les quelques modifications que nous jugeons nécessaires sont les suivantes. Une définition de la coopération devrait être assez faible et générale pour se passer de la condition selon laquelle l'identité et le nombre des participants à l'action sont préalablement connus, et *a fortiori* de connaissance commune. Il faudrait de plus assouplir ou modifier les raisons d'agir, qui ne sauraient faire directement référence aux croyances, buts ou intentions d'autres participants potentiels, puisque ceux-ci ne sont pas nécessairement connus. En particulier, les intentions d'agir individuelles ne sauraient être de connaissance commune. Enfin, il faut un concept de connaissance ou de croyance commune qui n'implique pas de contact direct entre les agents.

Conclusion

Les éléments permettant de définir la coopération sont multiples : intentions, croyances, engagements, obligations, buts collectifs, plans d'action… nous avons vu que chacun de ces éléments peut être soit éliminé (car non essentiel), soit engendré à partir de la définition de Tuomela, c'est-à-dire en termes de but collectif et de mode de groupe. Cependant, cette définition, comme les autres, reste insatisfaisante. Dans l'ensemble, les définitions décrites précédemment rencontrent plusieurs problèmes :

– elles nécessitent le concept de croyance ou de connaissance commune, qui est problématique;

– elles mobilisent des éléments d'explication de la coopération mais en rejettent d'autres de façon arbitraire ;

– elles ne trouvent que des éléments *suffisants* à la coopération, mais non nécessaires ;

– en particulier, elles sont trop fortes pour correspondre à certains cas intuitifs de coopération.

Les chapitres suivants s'attacheront à résoudre, un par un, ces problèmes.

CHAPITRE II

CONNAISSANCE ET CROYANCE

LA CONNAISSANCE COMMUNE

Toutes les définitions de la coopération sont constituées par un certain nombre de conditions, auxquelles s'ajoute invariablement la nécessité générale que ces conditions soient de croyance ou de connaissance commune parmi les individus. Mais qu'est-ce au juste que la connaissance commune? Et est-il raisonnable de poser une telle condition? Ce chapitre apporte une réponse à ces questions.

Le concept de connaissance commune d'un fait ou d'un événement a été introduit pour décrire son caractère public et transparent aux yeux de tous. Par exemple, lorsqu'une déclaration établissant qu'il est désormais interdit de posséder un chien est faite devant un groupe d'individus, le fait que la possession d'un chien est interdite sera de connaissance commune entre eux. Cela signifie intuitivement que tous le savent, mais également que tous savent que tous le savent, et ainsi de suite : on a une infinité de conditions épistémiques[1] stipulant que personne n'a de doute sur les connaissances de quiconque concernant ce fait ou la connaissance d'autrui.

Mais la connaissance commune n'est pas seulement une version précise du concept de publicité, utile aux seules définitions. Elle

1. Rappel : « épistémique » désigne tout ce qui se réfère à ce que des individus savent ou connaissent. Des conditions épistémiques sont donc des conditions portant sur la connaissance. Parallèlement, l'adjectif « doxastique » se réfère aux croyances des individus. Par souci de simplicité, nous emploierons « épistémique » indifféremment dans le cas de la connaissance et de la croyance.

permet également d'*expliquer* la réussite régulière de nombreuses actions coopératives. Imaginons deux personnes séparées dans une ville, s'étant donné rendez-vous à une heure précise mais ayant oublié de fixer un lieu de rencontre et ne pouvant communiquer. Chacune doit donc choisir un lieu (parmi tous les lieux possibles) en espérant y trouver l'autre, sachant que l'autre est dans une situation identique. Les deux personnes se retrouveront à coup sûr si un endroit de la ville est remarquable[1] pour elles deux – par exemple si elles en ont parlé ensemble auparavant, ou si la ville comporte un endroit central et particulièrement connu (tel l'Empire State Building à New York). Il pourra ainsi devenir de connaissance commune entre elles que chacune se rendra à cet endroit. Plus clairement, le caractère remarquable de l'endroit (pour les deux personnes) rend son choix de connaissance commune, ce qui garantit le succès du rendez-vous.

On peut analyser de la même façon l'exemple de la conduite automobile. Le moyen le plus efficace d'éviter les accidents de la route est de faire conduire tous les individus d'un pays du même côté de la route. Les conducteurs décideront quotidiennement de rouler à droite, parce qu'ils savent que les autres font de même, et que le choix des autres de rouler à droite est garanti par leur croyance que tous roulent à droite, etc. Pour que la conduite à droite soit stable au sein d'une population (et que soit ainsi atteint le bénéfice collectif consistant en une minimisation du nombre d'accidents), il ne suffit pas que tous décident qu'il faut rouler à droite; il faut que ces décisions de conduire à droite soient de connaissance commune au sein de la population.

Enfin, la connaissance commune permet aussi d'expliquer le succès de comportements quotidiens. En général, deux personnes réussissent à se serrer la main ou à se faire la bise sans réfléchir, hésiter ou avoir besoin de faire plusieurs tentatives. Ici encore, c'est parce que les gestes que chacun doit faire et la façon dont ils s'enchaînent sont de connaissance commune entre elles[2].

1. T. Schelling, *The Strategy of Conflict*, Cambridge, Harvard University Press, 1960, de qui vient ce type d'exemple, parlerait d'endroit « saillant ».

2. On peut objecter que se faire la bise sans hésitation n'est pas toujours garanti : de quel côté commencer? Combien de bises faire? Mais ce problème ne se produit qu'entre

Même dans une simple conversation, l'alternance de la prise de parole n'est possible que si au moment où elle se produit, elle est de connaissance commune entre les interlocuteurs. Toute coordination, de la plus simple (salut mutuel) à la plus complexe (longue séquence de pas de danse effectués par deux partenaires, natation synchronisée, etc.) semble ainsi exiger, pour être réussie, que les gestes accomplis soient de connaissance commune entre tous les participants.

En général, la connaissance commune d'un choix, d'une action, ou d'une règle dont l'adoption est mutuellement profitable, alors que des options équivalentes et concurrentes existent, garantit son adoption et sa stabilité. Ainsi, la connaissance commune n'est pas seulement une propriété intuitivement souhaitable de la coopération humaine, mais aussi un facteur qui contribue à sa réussite. Il est donc d'autant plus important de pouvoir la définir clairement.

Comme on vient de le voir, la connaissance commune est un concept intuitif et éclairant, et c'est dans cet esprit qu'il a été introduit à l'origine par Lewis[1]. Il a notamment mené à des définitions précises de la communication humaine et de la signification (comme dans les exemples précédents, la compréhension d'un langage, et même le sens d'un mot ne sont garantis que s'ils sont de connaissance commune au sein des locuteurs). Mais c'est dans un deuxième temps, lorsque la connaissance commune a été modélisée en théorie des jeux et en logique, que le concept est devenu à la fois populaire et source de problèmes. La théorie des jeux, l'économie, et même l'informatique avec les systèmes d'agents artificiels, sont autant de disciplines dans lesquelles la connaissance commune participe de nombreux résultats techniques – des conditions d'accord entre agents économiques aux méthodes de coordination d'agents artificiels. Cependant, ce foisonnement d'applications et de travaux a eu pour effet de consacrer la séparation entre les versions informelle et formelle de la connaissance commune, la seconde monopolisant l'attention générale. Certes, les intuitions à

personnes habituées à deux « traditions » différentes (issues par exemple de deux villes, régions ou communautés) et donc précisément *lorsqu'il n'y a pas* de connaissance commune.

1. D. Lewis, *Convention. A Philosophical Study*, Cambridge, MA, Harvard University Press, 1969.

la base de la version formelle sont semblables à celles qu'avait eues Lewis, mais le résultat est sensiblement différent. Lewis est donc à l'origine du concept de connaissance commune, mais celui-ci s'est ensuite développé indépendamment des intuitions premières[1].

Cet écart se ressent dans les critiques adressées à la connaissance commune, qui ne prennent pour cible que la version formelle, suspecte d'idéalisation exagérée des capacités des individus. Même les discussions plus philosophiques de la connaissance commune[2] ont désormais comme horizon – et souvent comme cible – sa version formelle. Ce constat n'est pas négatif en soi, puisqu'il serait absurde de décréter l'abandon d'un concept fructueux. Par contre, la version informelle étant négligée, les propriétés réelles de la connaissance commune sont mal connues. En particulier, il est difficile de déterminer de quelle nature sont exactement les connaissances d'un groupe lorsque l'on dit qu'un fait y est public. Comprendre intuitivement ce qu'est une situation publique est immédiat; mais tenter de définir précisément ce qu'est la publicité soulève des problèmes d'une étonnante complexité.

Le concept de connaissance commune est accusé d'irréalisme pour deux raisons. D'une part, la connaissance commune ne pourrait être atteinte que par des individus ayant des capacités cognitives idéales, inaccessibles à un être humain normal. En effet, quel être humain pourrait avoir une infinité de connaissances ou de croyances? Si, pour garantir le succès de la conduite à droite, il faut que tous les conducteurs sachent ce que les autres savent, qu'ils sachent qu'ils savent qu'ils savent et ainsi de suite, alors ce succès ne sera jamais atteint. Pourtant, la convention de conduire à droite est efficace dans bien des pays. Faut-il en conclure que, contrairement à l'analyse précédente, la connaissance commune n'est pas ce qui explique ce succès? D'autre part, puisque on ne peut jamais être absolument certain de ce qu'autrui sait, alors la

1. Ce constat est notamment fait par R. Cubitt et R. Sugden, « Common knowledge, salience and convention. A reconstruction of David Lewis's game theory », *Economics and Philosophy*, 19, 2003, p. 175-210.

2. Par exemple J.-P. Dupuy, « Convention et Common knowledge », *Revue Economique*, 40(2), 1989, p. 361-400; C. Peacocke, « Joint attention. Its nature, reflexivity and relation to common knowledge », *in* N. Eilan, C. Hoerl, T. Mc-Cormack, J. Roessler (eds), *Joint Attention. Communication and Other Minds*, Oxford, Clarendon Press, 2005, p. 298-324.

connaissance commune est impossible. Les conducteurs ne peuvent pas même avoir de connaissance sur ce que connaît ou pense autrui, mais seulement des croyances plus ou moins fondées. L'analyse précédente s'écroulerait donc de nouveau, puisqu'elle explique le succès de la conduite à droite par le fait que les conducteurs savent qu'ils savent qu'ils savent, etc.

Si donc le concept de connaissance commune est irréaliste, comment expliquer que des individus réussissent régulièrement à conduire sans avoir d'accident, à se saluer, à danser ensemble, à avoir une conversation? Ce concept devrait, soit être abandonné, soit être remplacé par une version simplifiée résistant aux objections. Ces deux critiques ont reçu quelques réponses formelles, mais il reste difficile d'établir le rapport entre ces concepts techniques et la notion intuitive d'événement public. La littérature apparaît comme radicalement divisée entre la vision philosophique de la connaissance commune[1], et les évolutions purement techniques de sa version formelle[2]. À cette première division s'ajoute une seconde, davantage conceptuelle : il existe en effet deux manières fondamentales de voir la connaissance commune, qui sont formellement équivalentes mais reposent sur deux intuitions différentes. Aussi, certaines critiques s'appliquant à l'une ne concernent pas nécessairement l'autre, ce qui complique l'analyse.

Nous tenons à présent à clarifier cette situation. Nous soutenons que le concept de connaissance commune, interprété d'une certaine manière, est compatible avec les capacités cognitives humaines. Nous détaillerons d'abord les définitions classiques

1. *Cf.* J. Heal, « Common Knowledge », *Philosophical Quarterly*, 28, 1978, p. 116-131 ; J.-P. Dupuy, « Convention et Common knowledge », *Revue Economique*, 40(2), 1989, p. 361-400 ; M.S.-Y. Chwe, *Rational Ritual. Culture, Coordination and Common Knowledge*, Princeton, Princeton University Press, 2001 ; C. Peacocke, « Joint attention. Its nature, reflexivity and relation to common knowledge », *in* N. Eilan, C. Hoerl, T. Mc-Cormack, J. Roessler (eds), *Joint Attention. Communication and Other Minds*, Oxford, Clarendon Press, 2005, p. 298-324.

2. *Cf.* D. Monderer D, D. Samet, « Approximating common knowledge with common beliefs », *Games and Economic Behavior*, 1, 1989, p. 170-190 ; L. Lismont, « Common knowledge. Relating anti-founded situation semantics to modal logic neighbourhood semantics », *Journal of Logic, Language and Information*, 3(4), 1995, p. 285-302 ; S. Morris, H.S. Shin, « Aproximate common knowledge and co-ordination. Recent lessons from game theory », *Journal of Language, Logic and Information*, 6, 1997, p. 171-190.

de la connaissance commune, les critiques qu'elles ont reçues ainsi que les solutions proposées, avant de donner notre propre analyse. Nous aboutirons alors à une définition réaliste et résistante aux critiques, qui mettra l'accent sur plusieurs caractéristiques inattendues de la connaissance commune. Nous analyserons enfin quelques exemples sous cette nouvelle lumière.

LA CONNAISSANCE COMMUNE : DÉFINITIONS ET DIFFICULTÉS

Définitions classiques

Il n'est pas question de donner en détail les définitions formelles de la connaissance commune, ce qui rendrait nécessaire la présentation d'un éventail de concepts techniques. Nous nous contenterons d'introduire par endroits quelques notations, dont le seul but est de simplifier l'exposé. Si le concept de connaissance commune est devenu aussi populaire, c'est en partie parce que les définitions de la connaissance dans deux domaines ont pu être unifiées.

En logique, on définit habituellement la connaissance à partir de propriétés d'un opérateur. Notons E un énoncé, une phrase ou un événement. On désigne par K_I l'opérateur de connaissance d'un individu I, de telle sorte que K_IE doit être lu : « l'individu I sait que E ». Pour que K_I représente bien la connaissance de I, on exige de lui trois propriétés :

– *Véridicité* : Pour qu'I connaisse une chose, il faut qu'elle soit vraie.

– *Introspection positive* : Si I sait que E, il doit savoir qu'il sait que E.

– *Introspection négative* : Si I ne sait pas que E, il doit savoir qu'il ne le sait pas.

On peut bien entendu exprimer toutes ces conditions par des formules logiques. D'autres conditions mèneraient à d'autres opérateurs, qui peuvent ou non représenter d'autres notions. Par exemple, on pourrait définir la croyance d'un individu en conservant les deux conditions d'introspection et en remplaçant la véridicité (car on peut croire quelque chose de faux) par la condition de *consistance*, stipulant que I ne peut pas croire à la fois une chose et son contraire. La connaissance d'une chose est donc plus forte que sa croyance, puisqu'être véridique implique qu'on soit consistant, mais non l'inverse. On peut résumer ceci en disant que pour une telle définition, une connaissance n'est rien d'autre qu'une croyance qui est vraie[1].

On peut également définir la connaissance d'une autre façon : en termes de mondes possibles. Imaginons que je sois en train d'écrire ce livre à Bristol, et qu'il pleuve à Paris. Je n'ai aucune information sur le climat de Paris, il est donc possible, de mon point de vue, qu'il y fasse beau. On peut représenter mon ignorance par un lien entre le monde réel, dans lequel il pleut à Paris et le monde possible dans lequel il y fait beau. Le fait que je ne sache pas qu'il pleut à Paris est représenté par l'existence d'un monde possible (pour moi) dans lequel il y fait beau. Inversement, je sais qu'il fait en ce moment beau à Bristol, ce qui peut être représenté par le fait qu'il fait beau dans tous les mondes que je considère comme possibles à cet instant. Une liste *objective* de tous les mondes possibles étant donnée, ma connaissance pourrait donc être représentée à l'aide d'une série de liens entre les mondes, qui décrivent les mondes que je considère *subjectivement* comme possibles.

Il n'est pas indispensable de comprendre ces deux descriptions de la connaissance pour saisir ce qu'est la connaissance commune. Il est cependant utile de les présenter car elles sont équivalentes : on peut exprimer les conditions de l'opérateur de connaissance par des conditions sur les liens entre mondes possibles et montrer qu'il est équivalent de raisonner dans n'importe lequel de ces deux cadres. Or les économistes utilisent l'opérateur connaissance dans un formalisme particulier[2] dont on a pu montrer qu'il était à son tour équivalent à la description en termes de mondes possibles. En définitive, les résultats techniques obtenus en théorie des jeux et les analyses logiques de la connaissance se sont retrouvées unifiées, ce qui a fait de la connaissance commune en particulier un concept bien établi et très simple d'utilisation.

1. Il est évident qu'il ne s'agit que de définitions simplifiées et non d'une analyse philosophique sophistiquée de ce que sont connaissance et croyance.

2. Ils ont recours à ce qu'on appelle des « partitions d'information », que nous ne pouvons décrire ici.

Revenons à notre définition. Une fois que l'on dispose d'un concept de connaissance, on peut donner deux caractérisations de la connaissance commune. D'abord, la caractérisation *itérative* consiste à dire qu'un fait est de connaissance commune lorsque tous le connaissent, savent que tous le connaissent, savent que tous savent que tous le connaissent, et ainsi de suite. Cette description repose donc sur une infinité de conditions utilisant les connaissances individuelles des agents. Fondée sur une intuition extrêmement simple, elle est la plus couramment utilisée. Nous appellerons dorénavant *connaissance imbriquée* toute connaissance portant sur une autre connaissance. Selon la caractérisation itérative, la connaissance commune d'un fait n'est donc rien d'autre que sa connaissance par tous, plus un empilement de connaissances imbriquées. Mais il existe une seconde caractérisation, que nous appellerons caractérisation *circulaire*[1].On définit d'abord un événement *évident*, ou *public*, tel qu'il ne peut se produire sans que tous ne le sachent. Autrement dit, un tel fait ou événement est automatiquement connu de tous à partir du moment où il se produit. Dans une salle par exemple, une annonce par haut-parleur faite à un volume suffisant sera automatiquement perçue et comprise par tous les individus présents. On dit alors qu'un fait ou événement est de connaissance commune dès lors qu'il est la conséquence logique d'un événement évident. En particulier, l'événement évident est lui-même de connaissance commune. Par exemple, un discours fait devant une assemblée étant un événement évident, toute phrase prononcée par l'orateur sera de connaissance commune parmi les spectateurs. La déclaration publique que le résultat d'un référendum est « non » aura pour conséquence la connaissance commune que le résultat est « non ». Cette caractérisation peut être dite circulaire parce que la caractéristique d'un événement évident est qu'il est équivalent à sa connaissance : s'il se produit, il est connu, et s'il est connu, c'est qu'il s'est produit[2].

Bien que les définitions itérative et circulaire reposent sur des intuitions différentes, on peut montrer formellement qu'elles sont

1. On parle habituellement de caractérisation *par point fixe*, mais le terme « circulaire » est intuitivement plus clair.

2. D'après la véridicité de la connaissance.

en général équivalentes : choisir l'une ou l'autre ne fait aucune différence. Il est par exemple facile de suggérer que la définition circulaire entraîne la définition itérative (la réciproque est plus compliquée) : si un événement évident E se produit, alors tous savent que E est le cas. Mais puisque quand E est le cas, tous le savent, si tous savent que E est le cas, alors tous savent que tous le savent. Il suffit ainsi de répéter ainsi l'argument pour montrer que quand un événement public se produit, tous savent que tous savent… que tous savent que E est le cas. Autrement dit, on peut *déduire* les connaissances imbriquées à partir de la caractérisation circulaire de la connaissance commune.

La présentation précédente peut sembler abstraite. Quelles applications concrètes résultent du concept de connaissance commune? Prenons l'exemple dit « des enfants sales ». Trois enfants A, B et C, ayant joué dehors tout l'après-midi, peuvent avoir, ou non, un front sale. Imaginons qu'ils soient tous les trois sales. Chaque enfant voit les fronts des autres mais ne peut savoir si le sien est sale ou non. Sans communiquer, les enfants ne peuvent acquérir d'information sur leur propre état. Arrive un adulte qui leur annonce : « Au moins l'un d'entre vous a un front sale », puis leur demande à intervalles réguliers si l'un d'entre eux connaît son état. Les enfants pourront-ils savoir à un moment qu'ils sont sales? À la première question, tous répondent « non ». À la deuxième, « non » de nouveau. Mais à la troisième, ils savent désormais qu'ils sont sales. Pourquoi?

Le raisonnement est le suivant. S'il n'y avait que deux enfants sales A et B dans la même situation, et que tous deux répondaient non à la première question, A pourrait ensuite se dire : « Si je n'étais pas sale, B le saurait puisqu'il me voit; il aurait donc dû déduire de l'annonce générale que c'est lui est sale. Or il ne l'a pas fait; c'est donc que je suis moi-même sale ». B pourrait bien sûr faire le même raisonnement, et à la seconde question, A et B répondraient qu'ils savent qu'ils sont sales.

Avec trois enfants, le raisonnement est comparable mais gagne un degré de profondeur supplémentaire. A raisonne de la façon suivante : s'il n'était pas sale, B et C le sauraient et seraient donc dans la situation précédente. Chacun devrait donc pouvoir répondre à la deuxième question qu'il sait qu'il est sale. S'ils ne le font pas, c'est donc que A lui-même est sale. Tous peuvent faire le même raisonnement, et répondre « oui » à la troisième question. Théoriquement, quarante enfants dans la même situation connaîtraient leur état à la quarantième question.

Quel est l'intérêt de cet exemple ? Il peut sembler paradoxal, car sans l'annonce de départ, les enfants ne pourraient jamais savoir s'ils sont sales ou non. Or cette annonce ne semble rien leur apprendre de nouveau : puisqu'ils voient les autres, ils savent dès le début qu'au moins l'un d'entre eux est sale. Comment l'adulte, en leur annonçant quelque chose que tous savaient déjà, a-t-il pu leur permettre d'atteindre la connaissance de leur état ? C'est que l'annonce, faite publiquement, est de connaissance commune. Dans le cas de deux enfants, A et B savaient que l'un d'entre eux au moins était sale, mais ne savaient pas que l'autre le savait, et c'est précisément ce que l'annonce leur apprend. Dans le cas des trois enfants, ils ne savaient pas que les autres savaient qu'ils savaient qu'au moins l'un d'entre eux était sale. La connaissance commune d'un fait ou événement est donc beaucoup plus puissante que sa simple connaissance par tous, car elle implique de nombreuses connaissances sur les connaissances d'autrui.

Les deux définitions précédentes, itératives et circulaires, sont la base des critiques qui accusent la connaissance commune d'être inatteignable, irréaliste ou inutilisable. Nous nous tournons maintenant vers les deux grandes critiques de ce type et leurs réponses classiques.

Idéalisation cognitive et itérations tronquées

La première et plus fameuse critique porte sur la caractérisation itérative, selon laquelle la connaissance commune est composée d'une infinité d'itérations. D'une part, elle n'est pas fidèle à l'utilisation que peuvent faire des agents de la connaissance commune : aucun agent ne possède une mémoire suffisante pour stocker une infinité d'énoncés ou le temps de tous les déduire concrètement. Elle ne reflète pas davantage la façon dont la connaissance commune apparaît : on ne peut imaginer de processus réel créant pas à pas dans l'esprit des agents les connaissances successives. Si ce type de processus est couramment évoqué lorsqu'on expose le principe de la connaissance commune, comme dans l'exemple des enfants sales, c'est simplement parce que la clarté de certains exemples est accrue lorsqu'on les simplifie en ne décrivant pas exactement l'apparition de la connaissance commune mais seulement d'un nombre fini de connaissances imbriquées qui la composent.

Il existe au moins deux solutions à ce problème. La première semble évidente : si la caractérisation itérative est insatisfaisante, choisissons la définition circulaire, puisqu'elles sont formellement équivalentes. Les connaissances imbriquées ne définissent donc pas la connaissance commune, mais n'en sont que les conséquences. Parfaitement conscients de cette solution, les théoriciens considèrent généralement les connaissances imbriquées comme *potentielles* : sans les connaître effectivement, les individus seraient en mesure de les déduire de la situation s'ils avaient les capacités cognitives adéquates – d'où l'inanité d'une critique réaliste.

Cette solution est d'autant plus convaincante que, formellement, les deux définitions ne sont pas toujours équivalentes. Lorsque les propriétés de l'opérateur de connaissance sont affaiblies, il peut arriver que la caractérisation circulaire implique la caractérisation itérative, mais pas l'inverse. Cet argument, bien que purement technique, vient à l'appui de l'idée que les connaissances imbriquées ne sont pas constitutives de la connaissance commune mais n'en sont que des conséquences. Enfin, donnée comme telle, l'infinité de connaissances imbriquées ne constitue qu'une juxtaposition, un empilement d'énoncés indépendants et disjoints : à aucun niveau, le savoir n'entraîne celui des niveaux supérieurs. C'est la définition circulaire qui en constitue le liant et le principe unificateur.

En résumé, la définition circulaire est la plus générale et la plus économique. La critique la plus répandue de la connaissance commune reçoit une réponse parfaitement satisfaisante à l'intérieur du formalisme classique. Ce n'est que parce que la caractérisation itérative est la plus populaire et facile à vulgariser qu'elle a pris le dessus et suscité une critique de ce genre, alors qu'il existe une définition alternative au moins équivalente qui y échappe sans peine. Toute attaque de la connaissance commune comme irréaliste devrait donc viser la caractérisation circulaire.

Mais cette première solution n'est pas suffisante. La caractérisation circulaire est fondée sur l'existence d'un événement public; or la connaissance commune semble pouvoir exister en l'absence d'un tel événement. Cela suggère que la critique d'idéalisation cognitive devrait recevoir une solution *dans le cadre de la caractérisation itérative*.

Une seconde solution se fonde donc sur la caractérisation itérative : puisqu'une infinité de connaissances imbriquées est inatteignable, il suffirait de *tronquer* la définition itérative à un niveau fini quelconque pour obtenir une notion de connaissance commune ordinaire, c'est-à-dire adaptée aux capacités cognitives limitées des individus. Selon cette conception, des individus humains n'auraient besoin que d'un nombre fini de connaissances imbriquées pour se comporter *comme si* ils étaient dans une situation de connaissance commune. Une telle solution est cohérente avec la précédente : même en cas d'événement public, des individus seraient seulement capables de déduire un nombre réduit de connaissances imbriquées. Elle est aussi intuitivement convaincante : il est en effet évident que nous faisons quotidiennement des raisonnements comportant uniquement quelques connaissances imbriquées (je sais qu'il croit cela, et il ne sait pas que je sais).

Néanmoins, cet argument semble spécieux puisque les cas où un raisonnement est satisfaisant tout en comportant un nombre fini de connaissances imbriquées semblent précisément ne survenir *qu'en l'absence* de connaissance commune[1] – après tout, il suffit que la description d'une situation contiennent un seul « Untel ne sait pas qu'untel sait que E » pour dissoudre la connaissance commune de E. Le recours à un nombre fini de connaissances imbriquées est fréquent dans les explications simplifiées où l'on n'a pas besoin d'une connaissance commune entière et sert rarement de justification explicite aux actions des agents dans des cas réels.

1. Cet argument est donné par J. Heal, « Common Knowledge », *Philosophical Quarterly*, 28, 1978, p. 116-131.

Il existe donc un écart manifeste entre la connaissance commune et sa version tronquée sur le plan des actions qu'elles autorisent respectivement. Il serait satisfaisant d'avoir une connaissance commune tronquée qui puisse se rapprocher autant qu'on le souhaite de la connaissance commune classique, qui tendrait vers cette limite. Mais tant que l'on se contente d'un nombre fini de connaissances imbriquées, on ne dispose que de très peu d'informations, car les connaissances du niveau suivant pourraient parfaitement tout réduire à néant.

Un exemple permet de se représenter le problème clairement : il s'agit de deux généraux A et B, séparés sur deux collines différentes, souhaitant attaquer un ennemi commun dans la vallée lorsqu'il sera vulnérable. Seul l'un des généraux peut voir l'état de l'ennemi ; et les deux généraux doivent attaquer ensemble pour espérer gagner. Ils conviennent que le premier enverra un message lorsqu'il sera temps d'attaquer. Mais le messager devant passer par la vallée, il court le risque d'être intercepté. Le problème est alors le suivant : pour assurer qu'il a bien reçu le message, B devra donc envoyer un message de confirmation à la réception, car A n'attaquera que s'il est certain que B attaque également. Mais A devra donc lui-même confirmer qu'il a reçu la confirmation, et ainsi de suite : la réception de tout message doit être confirmée. Il ne pourra jamais être de connaissance commune entre les généraux qu'il est temps d'attaquer (il subsiste toujours un doute sur le savoir de l'autre). Chaque message ne fournit qu'une connaissance imbriquée de plus ; or il en faudrait une infinité. Ce cas est utilisé pour montrer l'impossibilité de faire apparaître la connaissance commune par la construction progressive des connaissances imbriquées.

Ce type d'exemple rend évident le « contraste entre notre intuition et l'analyse donnée par la théorie des jeux[1] ». En effet, au bout d'un certain nombre (élevé) de messages, il semble plausible que les généraux estiment qu'ils sont suffisamment sûrs l'un de l'autre et attaquent – autrement dit, au bout d'un grand nombre de

1. A. Rubinstein, « The electronic mail game. Strategic behavior under "almost common knowledge" », *The American Economic Review*, 79, 1989, p. 385-391, a analysé cet exemple dans un cadre de théorie des jeux pour montrer que quel que soit le nombre de messages échangés, l'unique solution rationnelle est de ne pas attaquer.

connaissances imbriquées, un agent ne verrait plus de différence de sens entre un message et le suivant si bien qu'il les compterait simplement tous comme des preuves supplémentaires identiques[1]. La connaissance commune « tronquée » serait pour des individus limités équivalente à la connaissance commune classique.

Il y a cependant plusieurs raisons, bien qu'aucune ne soit décisive, de douter que la connaissance commune soit correctement décrite par sa version tronquée. On pourrait tout d'abord soutenir que, bien que les connaissances communes classiques et tronquées mènent au même comportement dans certaines situations, elles n'en sont pas moins distinctes. Je peux m'arrêter à une station-service parce que je sais que je n'ai plus beaucoup d'essence, mais aussi parce que je crois que c'est le cas sans en être certain : mon action est la même sans que mes états mentaux ne soient identiques. Cependant, dans le cas de la connaissance commune tronquée il semble que les agents soient bien dans le même état que s'ils avaient une infinité de connaissances imbriquées : ils considèrent celles-ci comme équivalentes à celles de plus bas niveau qu'ils ont effectivement obtenues. Autrement dit, les limites cognitives des agents leur feraient faire des déductions erronées, mais dont les conclusions les placent bien dans un état de connaissance commune.

Il existe une objection plus directe : si la connaissance commune tronquée est le concept réaliste qu'il nous faut, à quel niveau faut-il tronquer? Les individus cessent-ils de comprendre des énoncés contenant deux connaissances imbriquées, cinq, quinze? On pourrait bien entendu déterminer une limite supérieure, commune à tous les êtres humains. Mais différents individus peuvent avoir des limites différentes. Par exemple, un enfant de moins de trois ans n'est pas capable de prendre en compte le savoir d'autrui (il pensera que tous savent les mêmes choses que lui). Autrement dit, cet enfant confondra toute connaissance imbriquée de niveau un ou

1. Le problème des généraux met en évidence la proximité de la connaissance commune avec le paradoxe sorite : un grain de sable n'est pas un tas, on n'obtient pas un tas en ajoutant un grain à un ensemble de grains qui n'est pas un tas, mais un tas est un ensemble de grains de sable. Un message supplémentaire ne suffit pas à créer la connaissance commune, mais un certain nombre de messages suffira à placer les agents dans un état épistémique identique à la connaissance commune. Notre cas n'est cependant pas un paradoxe puisqu'un nombre fini de messages ne crée pas la « vraie » connaissance commune.

plus. La limite d'un adulte intelligent pourrait se situer au niveau quatre, ou cinq. Mais si différents individus ont différentes limites, comment pourraient-ils atteindre la connaissance commune? Tronquer ne saurait être une solution générale si l'on ne sait à quel niveau tronquer.

Ceci ne *prouve* pas que la connaissance commune tronquée ne soit pas une approximation correcte de la connaissance commune classique, mais suggère qu'elle est philosophiquement insatisfaisante. Les connaissances imbriquées ont ceci de spécifique qu'elles sont engendrées par des règles fondamentales données par la définition circulaire. Les relations entre un niveau de connaissance et le suivant sont immuables. Tout changement qui ne conserverait pas cette invariance risquerait de perdre un aspect fondamental de la connaissance commune; c'est pourquoi il est naturel de penser qu'un juste affaiblissement doit agir au niveau de la définition circulaire, sous peine d'inintelligibilité de la solution apportée. Imaginons que l'on fabrique un robot qui se mette à courir plus vite ou sauter plus haut que l'on ne souhaite. La démarche fondée sur la troncature des connaissances imbriquées serait alors comparable au fait d'attacher des poids au pied du robot, ou d'abaisser la hauteur du plafond, afin qu'il retrouve les performances souhaitées. Nous aurions plutôt tendance à proposer de modifier le mécanisme du robot.

En conclusion, la critique d'idéalisation cognitive n'apparaît pas fondée. Dans les situations où il existe un événement public, la définition circulaire permet d'y échapper; dans les situations sans événement public, la solution par troncature permet d'expliquer comment des individus peuvent se comporter *comme si* la connaissance commune était présente.

Faillibilisme et croyance probabiliste

La seconde critique est moins répandue, mais plus complète. Elle part d'une position *faillibiliste* concernant ce que l'on sait du savoir d'autrui. Supposons que l'énoncé E soit publiquement déclaré devant des individus A et B sans que rien ne fasse obstacle à leur perception. Dans ce cas, E sera de connaissance commune entre A et B, et si nous voulons définir la connaissance commune, il nous faut préciser ce que savent A et B dans ce cas. Les caractérisations classiques, on l'a vu, soutiennent que A et B sauront que E, sauront que tous deux savent que E, et ainsi de suite. Il est clair que A e B savent que E, puisqu'ils l'ont tous deux entendu proclamer : ils ont une preuve directe sur laquelle se fonder. Mais comment peuvent-ils être certains de ce que sait l'autre? A ne peut être certain que B a entendu correctement : ses pensées auraient pu vagabonder, il aurait pu mal comprendre certaines phrases alors même qu'il avait l'air attentif. D'innombrables sources de malentendu peuvent ici apparaître et avoir une influence non négligeable. C'est une expérience courante pour quiconque de constater qu'un interlocuteur qui donnait tous les signes de compréhension peut se révéler plus tard totalement ignorant de ce qui avait été dit en sa présence – la connaissance qu'on croyait avoir de son savoir se révélant *faillible*.

Il est par conséquent impossible de prétendre qu'un agent n'ait pas le moindre doute sur la connaissance d'autrui. On ne peut avoir de connaissance sur le savoir d'autrui. Or le concept classique de la connaissance commune la définit comme un ensemble de certitudes portant à la fois sur le fait concerné et sur les connaissances d'autrui, que le moindre doute réduirait à néant. Un tel doute étant inévitable d'après ce qui précède, la connaissance commune au sens classique ne peut exister au sein d'un groupe d'humains. Ainsi, si un phénomène semblable à la connaissance commune existe, il n'est pas correctement défini par les caractérisations classiques.

Une telle critique doit être distinguée d'une posture sceptique qui nierait la certitude de tout savoir et attaquerait la notion de connaissance elle-même. Le faillibilisme n'est ici qu'un cas particulier de la constatation de l'opacité des états mentaux d'autrui, elle-même étant une simple variante du constat qu'on ne peut être certain d'un fait lorsque les indices disponibles ne peuvent exclure la possibilité du fait contraire. Il ne s'agit pas de douter du fait que la connaissance individuelle est possible, mais du fait que la connaissance commune est bien fondée sur la connaissance individuelle.

La connaissance commune semble être constituée de différents types de connaissance. Dans le cas d'un événement public, on a d'abord une connaissance *perceptuelle* – la façon dont les agents prennent connaissance de l'événement. On a également une connaissance *inférentielle* : la façon dont ils apprennent des choses à propos de la connaissance d'autrui. Ils les infèrent à partir de la situation qu'ils perçoivent, mais la connaissance qui en résulte n'est pas fondamentalement perceptive puisqu'ils n'ont aucune preuve de ce que savent les autres. Il est alors clair que la critique faillibiliste concerne uniquement la connaissance inférentielle, et c'est justement parce qu'elle n'est pas fondée sur des preuves perceptives mais sur des indices indirects et des interprétations personnelles qu'elle est fondamentalement faillible. Cependant, les cas intéressants pour la critique faillibiliste sont ceux dans lesquels notre connaissance est fondée sur la perception. C'est quand nous percevons quelque chose que nous avons le plus souvent tendance à supprimer tout doute et à considérer que nous avons acquis une connaissance.

Une solution technique à ce problème a également été proposée. Elle consiste à dire que même si nous ne pouvons être certains de ce qu'autrui sait, nous pouvons en être raisonnablement certains, c'est-à-dire en avoir une croyance suffisamment forte. La plupart du temps, nos interlocuteurs ne sont pas distraits, ils écoutent ce que nous disons, le comprennent et s'en souviennent correctement; la probabilité que le problème soulevé par le faillibiliste se produise est donc assez faible. Nous devrions alors conserver la structure de la définition de la connaissance commune, en y remplaçant les connaissances par des croyances admettant certains degrés. Leur degré allant de 0 (non-croyance) à 1 (croyance certaine), on parlera alors de croyance probabiliste. Une condition comme « tous savent que tous savent que E » serait donc remplacée par « tous croient à un certain degré que tous croient à un certain degré que E ». De la même façon, on pourrait définir un événement *partiellement public*, ou partiellement évident, comme un événement qui, lorsqu'il se produit, entraîne avec une certaine probabilité la croyance qu'il a eu lieu. Par exemple, un discours donné dans un endroit bruyant, ou diffusé à la télévision (qui n'est regardée que par une partie de la population) sera partiellement public en ce sens. On peut donc toujours donner des caractérisations itérative et circulaire de cette croyance commune.

Cette solution rencontre pourtant quelques obstacles. Si l'on remplace la connaissance par la croyance à un certain degré, la question du degré à choisir se pose alors, ce qui rappelle le problème du choix du niveau correct de troncature. Il n'y a pas de raison apparente pour que les croyances portant sur un fait et celles qui portent sur les croyances d'autrui ou sur le degré de publicité d'un événement aient toutes la même force. En particulier, les croyances perceptuelles et inférentielles ne devraient pas nécessairement être traitées de la même façon. De plus, définir ainsi la croyance commune est plus difficile qu'il n'y paraît. Il existe en réalité trois concepts différents de croyance probabiliste commune[1]. Il n'est pas question de les détailler formellement ici, mais le problème est qu'ils ne sont pas équivalents et qu'il n'existe aucun moyen formel d'en privilégier un par rapport aux autres. Tous sont des approximations correctes de la connaissance commune classique : lorsque le degré des croyances atteint 1, ils deviennent équivalents à la connaissance commune. Tous garantissent des résultats techniques spécifiques semblables à ce que la connaissance commune peut garantir. Aucun ne peut donc être éliminé selon des critères d'inexactitude ou d'inutilité. Enfin, l'un de ces concepts semble plus général que les autres, et un second plus spécifique. Mais l'on recherche une description adéquate de la connaissance commune, on pourrait en principe tout aussi bien opter pour la définition la plus exigeante, naturellement plus proche de la connaissance commune classique, que pour la plus lâche, qui nous permettrait d'identifier un noyau conceptuel plus facilement atteignable par des humains normaux.

Aucun argument technique ne peut mener à une « bonne » approximation si l'on n'a pas déjà une idée de ce qu'est la définition correcte de la connaissance commune. La critique faillibiliste, cruciale, peut être évitée, mais il nous reste à déterminer comment. Nous nous tournons donc maintenant vers une analyse proprement

1. L'analyse technique de ces concepts se trouve dans S. Morris, « Approximate common knowledge revisited », *International Journal of Game Theory*, 28, 1999, p. 385-408.

philosophique de la connaissance commune, qui nous mènera à une réponse plus satisfaisante.

DÉFINITIONS INFORMELLES

La connaissance commune selon Lewis

Le concept de connaissance commune est né sous la plume de David Lewis, dans son célèbre ouvrage sur les conventions[1]. Son objectif principal était de montrer pourquoi un langage pouvait être vu comme une convention, et ce n'est qu'au cours de la définition de ce dernier terme que l'auteur a dû avoir recours à ce qu'il a appelé la connaissance commune, dont la caractérisation nous intéresse[2].

Rappelons brièvement le contexte : Lewis s'intéresse dans un premier temps aux jeux de coordination. Un jeu de coordination est caractérisé par le fait qu'il contient plusieurs équilibres de coordination. Ces derniers sont des équilibres de Nash, c'est-à-dire des combinaisons d'actions dans lesquelles aucun joueur n'aurait pu se trouver dans une situation meilleure s'il avait choisi une autre action, les choix des autres restant fixes. De surcroît, pour un équilibre de coordination, chaque joueur n'aurait pu se trouver dans une situation meilleure si *quiconque* avait choisi une autre action, d'où le terme de coordination : tous doivent faire le bon choix sous peine de pénaliser l'ensemble. Lorsque plusieurs équilibres de coordination sont possibles, se pose un problème de sélection d'équilibre. Tous doivent choisir la même solution, mais ne peuvent départager les possibilités par de simples critères de gain ou de préférence personnelle ; c'est pourquoi ce choix semble échapper au modèle de rationalité maximisatrice des agents. Par exemple, un conducteur peut choisir de rouler sur le côté gauche ou

1. D. Lewis, *Convention. A Philosophical Study*, *op. cit.*

2. Même si, comme nous l'avons vu, ses intuitions ont été négligées dans l'essentiel des travaux ultérieurs sur la connaissance commune, plusieurs articles récents ont de nouveau mis en évidence leur pertinence. *Cf.* R. Cubitt, R. Sugden, « Common knowledge, salience and convention. A reconstruction of David Lewis'game theory », *Economics and Philosophy*, 19, 2003, p. 175-210 ; G. Sillari, « A logical framework for convention », *Synthese*, 147(2), 2005, p. 379-400.

droit de la chaussée. Ce qui importe c'est que tous les conducteurs conduisent du même côté, quel qu'il soit. Mais rien ne permet de départager le côté droit du côté gauche.

C'est ici qu'intervient la notion d'*attente*, ou d'*anticipation rationnelle* : dans une situation de ce genre, un individu pourra trouver une raison d'agir s'il s'attend à ce que les autres agissent de la même façon. Considérons à nouveau le cas de A et B qui ont prévu un rendez-vous sans en préciser le lieu, et ne peuvent plus communiquer. A pourra choisir un endroit s'il s'attend à ce que B le choisisse également; car il sait que celui-ci est dans le même cas, il faudra donc que A puisse s'attendre à ce que B puisse s'attendre à ce que A choisisse cet endroit; et ainsi de suite. On obtient donc une représentation du problème par une imbrication potentiellement infinie d'attentes. Le fait qu'une seule de ces attentes soit effective constituerait une raison suffisante pour décider du choix de l'endroit en question. Pour obtenir une solution, il faut que les deux agents aient une raison justifiant un choix concordant, que leurs attentes soient mutuelles. Plus les raisons (les attentes devenues effectives) seront nombreuses, plus les agents seront renforcés dans leur choix. C'est ce qui conduit au concept de connaissance commune. Le caractère saillant d'un équilibre (comme le fait qu'il ait déjà été choisi par le passé) constitue un exemple de raison pouvant mener à la formation de ces hiérarchies d'attentes mutuelles. Le problème est de caractériser le type de situations pouvant les engendrer.

Lewis définit alors la connaissance commune pour une population P d'un énoncé E comme *équivalente* à la donnée d'une situation S dans laquelle :

1) Chacun dans P a une bonne raison de croire que S est la situation.

2) S indique à chacun dans P que chacun dans P a de bonnes raisons de croire que S est la situation[1].

3) S indique à chacun dans P que E.

Cette définition présente plusieurs caractéristiques frappantes. Premièrement, elle est de nature circulaire, comme le montre la condition (2). La connaissance commune n'est donc pas définie

1. Nous traduisons par « bonnes raisons de croire » ce que dans la version originale, Lewis exprime par « reason to believe ».

par un ensemble d'attentes imbriquées mais en constitue la cause fondamentale. La connaissance commune est donc une condition suffisante permettant de se coordonner. Deuxièmement, la connaissance commune est fondée sur la notion fondamentale de « raison de croire » et non sur la connaissance ou la croyance individuelle. Le second concept important d'indication est lui aussi défini en termes de raisons de croire. La connaissance commune justifie que les agents aient certaines croyances, mais n'impose pas qu'ils les adoptent effectivement. Autrement dit, la connaissance commune est *externaliste* : son existence dépend davantage de l'état du monde extérieur que des états mentaux des individus. Elle ne décrit donc pas tant l'état *épistémique* d'un groupe – les connaissances et croyances de ses membres – que son état *informationnel* – les informations qu'ils ont à leur disposition, qu'ils peuvent remarquer ou non : elle précise les raisonnements et inférences que les agents pourraient faire étant donné les indices disponibles. C'est la *possibilité* de faire ces inférences qui constitue la connaissance commune. Troisièmement, la connaissance commune de Lewis ne repose pas sur le raisonnement déductif. La constitution d'une raison de croire, l'indication de quelque chose, sont des notions qui dépendent des connaissances et croyances préalables des agents, ainsi que de leur mode de raisonnement, qui n'a pas à être déductif.

La connaissance commune lewisienne et la connaissance commune classique partagent donc une même structure, mais la première repose sur des raisons de croire et des modes communs de raisonnement, là où la seconde s'appuie sur des connaissances et des raisonnements déductifs. L'écart entre les deux n'est donc pas si grand, et elles peuvent être représentées formellement de la même façon. Dans le cadre logique que nous avons rapidement introduit, un opérateur de croyance et un opérateur de raison de croire auraient des propriétés identiques. Simplement, l'un exprimerait les croyances que les agents pourraient avoir, l'autre celles qu'ils ont.

Au-delà de ces premières remarques, la connaissance commune lewisienne offre d'autres caractéristiques pertinentes pour notre problème. D'abord, il doit être clair qu'elle échappe aux deux critiques d'idéalisation cognitive et de faillibilisme. La définition de nature circulaire rend la première critique inoffensive. En l'absence de toute exigence sur les inférences que les individus devraient faire, il va de soi que la définition convient admirablement à des êtres humains cognitivement limités. Les croyances imbriquées ne sont que potentielles, ce sont de simples conséquences de la connaissance commune. La critique fondée sur le caractère faillible des croyances n'est pas plus dangereuse, puisqu'on n'exige plus de connaissance portant sur les connaissances d'autrui, mais seulement des raisons de croire fondées sur d'autres raisons de croire. Même si le risque qu'autrui ait pu être distrait pendant que je parlais est présent, j'aurai toujours de bonnes raisons de croire qu'il n'a pas été distrait s'il a le comportement normal d'une personne attentive.

Cependant, la connaissance commune lewisienne comporte également des inconvénients. Elle est sensiblement plus faible que la connaissance commune ordinaire ne devrait l'être, car elle ne garantit en fait aucune connaissance ni aucune croyance des individus. Il pourrait exister une situation de connaissance commune dans laquelle aucun agent n'a conscience qu'il est bien dans cette situation, ce qui semble contre-intuitif. De plus, les notions de « raison de croire » et d'« indication » semblent admettre des degrés. Par exemple, le fait qu'un individu fasse une déclaration publique au milieu d'une foule pourrait indiquer avec plus ou moins de force que cette déclaration est en train d'être faite, en fonction du bruit alentour, de la visibilité de l'orateur, de la portée de sa voix. Une raison de croire qu'un événement va se produire pourrait être plus ou moins forte selon qu'un événement similaire s'est déjà produit deux, dix ou cinquante fois par le passé. Or, il ne devrait pas y avoir de connaissance commune quand les raisons de croire et les indications sont trop faibles. L'origine de ce problème réside dans le fait que Lewis a besoin de la connaissance commune pour expliquer pourquoi des individus parviennent à se coordonner. Or nous avons vu qu'une même action peut être définie par plusieurs états mentaux qui n'ont pas à être équivalents. C'est pourquoi la connaissance commune lewisienne n'est qu'une croyance commune trop faible. Certes, elle permet aux agents de former des croyances suffisantes pour garantir une action dans un contexte donné. Mais la connaissance commune devrait fournir davantage de garanties et assurer que les croyances formées sont assez fortes pour mener à l'action dans tous les contextes.

On retrouve une limite analogue dans l'une des rares autres tentatives non formelles de fournir une variante réaliste de la connaissance commune. Sperber et Wilson[1] définissent la « manifesteté mutuelle » de la façon suivante. L'environnement cognitif d'un individu désigne l'ensemble de ce qui lui est manifeste, ce qu'il pourrait percevoir ou apprendre – qu'il le perçoive ou non. Pour un groupe d'individus, un environnement cognitif partagé est un environnement cognitif dans lequel les identités des individus sont manifestes. Enfin, un fait est dit mutuellement manifeste dans un groupe s'il appartient à son environnement cognitif partagé. Cette définition est très proche de celle de Lewis, puisqu'elle ne dit rien sur les croyances que les individus devraient avoir et décrit simplement une situation. Elle ne requiert de plus aucune limite inférieure de force pour les croyances. Un fait sera manifeste dès qu'il est perceptible – par exemple, il pourrait être mutuellement manifeste au sein d'un groupe marchant dans la rue qu'un nuage dans le ciel est en forme d'éléphant même si personne ne le remarque. On retrouve bien le même problème que chez Lewis : pour échapper aux critiques d'irréalisme, le concept est tellement passé au rasoir qu'il en devient trop faible.

Interprétation orthodoxe

Indépendamment des avantages et des défauts de l'analyse de Lewis, les discussions existantes portant sur la connaissance commune révèlent qu'une de ses conséquences a été, sinon incomprise, du moins sous-estimée. Il existe un consensus autour des idées que les connaissances imbriquées jouent un rôle majeur dans la définition de la connaissance commune, et que la connaissance commune classique représente une forme idéale de connaissance commune, qui serait atteignable par des individus idéaux, débarrassés des limites cognitives humaines. Les individus

1. D. Sperber, D. Wilson, *La Pertinence. Communication et Cognition*, Paris, Les Éditions de Minuit, 1989.

normaux, eux, n'en atteindraient qu'une version appauvrie. Nous appelons cette position l'*interprétation orthodoxe* de Lewis. Notons que cette position est partagée non seulement par les auteurs qui assimilent la connaissance commune à ses versions formelles, mais également par ceux qui tentent de réhabiliter la vision de Lewis[1]. Nous défendons au contraire la position opposée et non orthodoxe selon laquelle les connaissances imbriquées n'ont aucune influence sur la connaissance commune : selon nous, des individus idéaux ne sauraient atteindre une « meilleure » connaissance commune que des individus normaux.

L'idée fondamentale de l'interprétation orthodoxe est que même si les connaissances imbriquées ne sont que des conséquences de la connaissance commune, plus les individus ont de telles connaissances, plus ils seront proches de la connaissance commune pleine et entière. Des individus idéaux, pouvant faire une infinité d'inférences et raisonnant sans erreur, pourraient former toutes les (vraies) croyances qu'ils ont des raisons de former et atteindraient donc l'infinité de connaissances imbriquées, autrement dit la connaissance commune classique. Un auteur comme Gilbert définit même la connaissance commune ordinaire, réaliste, comme la situation dans laquelle des agents idéaux pourraient atteindre la connaissance commune classique. Elle est donc extrêmement fidèle à Lewis, puisque la connaissance commune ordinaire est définie par une situation dans laquelle les connaissances imbriquées sont potentielles, mais n'en sont pas moins la marque de la véritable connaissance commune.

Le problème d'une telle interprétation est qu'elle surestime le rôle de la rationalité dans la connaissance commune. En effet, celle-ci n'est pas davantage atteignable par des individus idéaux que par des individus normaux. Pourquoi? Ce n'est pas parce que les individus utilisent des modes de raisonnement différents du raisonnement déductif. Quel que soit le mode de raisonnement

1. On trouve cette interprétation chez les partisans de Lewis comme M. Gilbert, *On Social Facts*, Princeton, Princeton University Press, 1989 ; R. Cubitt, R. Sugden, « Common knowledge, salience and convention. A reconstruction of David Lewis's game theory », *Economics and Philosophy*, 19, 2003, p. 175-210 ; G. Sillari, « A logical framework for convention », *Synthese*, 147(2), 2005, p. 379-400.

qui mène aux connaissances imbriquées, un agent idéal capable de raisonner de cette façon pourrait les atteindre. Le remplacement de la déduction par autre chose ne nuit pas au pouvoir des individus idéaux.

Nous voyons trois raisons pour lesquelles les individus normaux et idéaux sont sur un pied d'égalité en ce qui concerne la connaissance commune. La première raison est que la critique faillibiliste s'applique à tout individu, idéal ou non. Le doute sur la connaissance d'autrui provient de l'impossibilité de connaître ses états mentaux. Il ne s'agit pas d'une question de puissance de raisonnement mais simplement d'inaccessibilité à autrui. Les raisons de croire d'un raisonneur idéal ne seront donc pas plus fortes que celles d'un individu ordinaire. Notre deuxième raison est que le fait de passer d'une raison de croire à une croyance ne dépend pas simplement du mode de raisonnement employé, mais aussi de paramètres extérieurs. Certaines raisons de croire sont par exemple négligées lorsqu'elles sont trop faibles dans certains cas, mais pas dans d'autres. Si un ami est toujours venu à nos rendez-vous par le passé, j'aurai tendance à négliger la faible raison de croire qu'il ne viendra pas demain. Par contre, je pourrais refuser de parier un million d'euros sur le fait que cet ami va effectivement venir si on me le proposait. Que je forme la croyance que mon ami pourrait ne pas venir ne dépend donc pas uniquement de mon information mais aussi des actions que je devrais choisir en conséquence de cette croyance. Le contexte influence les inférences que nous faisons indépendamment de notre puissance de raisonnement.

La troisième raison tient à la particularité de l'ensemble des connaissances imbriquées. Nous soutenons que les inférences que les individus tirent d'une situation de connaissance commune n'ont aucune influence sur leur niveau de connaissance commune. Cette affirmation peut sembler exagérée. Prenons l'exemple du raisonnement mathématique : serions-nous prêts, de manière analogue, à affirmer que, à partir d'un ensemble d'axiomes (hypothèse de départ) et de règles de déduction, notre connaissance serait la même quel que soit le nombre de théorèmes que nous pouvons prouver ? L'affirmation que la découverte d'un nouveau théorème mathématique n'ajouterait rien à notre connaissance semble très contestable, sinon absurde. N'est-il pas également contestable d'affirmer que les inférences effectives ne changent rien à la connaissance commune des individus? S'il n'en est rien, c'est que les connaissances imbriquées sont d'une nature particulière : elles sont obtenues à partir d'une seule hypothèse de départ, à laquelle on applique répétitivement le même raisonnement. En mathématique, le cas véritablement analogue est celui du raisonnement par récurrence : si une propriété est vérifiée pour 0, et qu'on prouve que lorsqu'elle est vérifiée pour N, alors elle est vérifiée pour N+1, on obtient la preuve qu'elle est vérifiée pour tout N. Personne ne soutiendrait qu'on ne peut savoir que la propriété est vraie pour tout N sous prétexte qu'on ne l'a pas vérifiée dans une infinité de cas (ce qui serait impossible). Le cas de la connaissance commune est semblable : de la connaissance au niveau 0 et de la présence d'un événement public, on peut déduire les connaissances imbriquées à n'importe quel niveau. Les inférences que peuvent réellement faire les individus n'ont donc aucune importance. Une situation de connaissance commune permet de les considérer automatiquement comme acquises. Une telle situation est le signe que les connaissances imbriquées de tous niveaux pourraient être atteintes : les inférer est superflu, et la puissance de raisonnement des individus est donc foncièrement inutile dans la définition de la connaissance commune. Les connaissances imbriquées ne servent pas à prendre une décision, mais à la justifier de façon rationnelle.

UNE CONNAISSANCE COMMUNE RÉALISTE

Raisons de croire et indication

Les raisons de croire ne sont pas absolues mais graduelles : on peut avoir une plus ou moins bonne raison de croire quelque chose. Formellement, on pourrait traduire les raisons de croire à l'aide d'opérateurs de croyance probabilistes interprétés d'une façon particulière. Si la connaissance commune est fondée sur des raisons de croire, quels degrés doivent-ils admettre? La critique faillibiliste implique que ce degré ne saurait être égal à 1, puisqu'il existe toujours de faibles raisons de croire qu'autrui n'a pas perçu ou compris correctement un événement. De plus, ce degré ne devrait pas forcément rester identique à tous les niveaux de raisons de croire imbriquées. Existe-t-il des contraintes supplémentaires?

La notion importante et fondatrice chez Lewis est celle de « reason to believe », que nous traduisons par « *bonne* raison de croire ». Au minimum, on a de bonnes raisons de croire un fait si on a plus de raisons de croire celui-ci plutôt qu'un fait contraire. Une contrainte minimale est donc que les raisons de croire doivent être de force supérieure à ½[1]. Cette limite ne doit cependant pas être considérée comme l'unique choix possible. C'est la valeur minimale, à laquelle nous nous cantonnerons en l'absence d'argument décisif en faveur d'une autre valeur.

La notion d'« indication » nécessite également d'être précisée. Son avantage est qu'elle est directement définie par Lewis en termes de raisons de croire : « Disons que [S] indique à *x* que [E] si et seulement si, si *x* avait de bonnes raisons de croire que [S] est le cas, *x* aurait par conséquent de bonnes raisons de croire que [E]. Ce que S indique dépendra donc des standards inductifs de *x* et de son information d'arrière-plan »[2]. Autrement dit, S indique E quand toute bonne raison de croire A implique une bonne raison de croire E. En introduisant des degrés, on pourrait traduire l'indication de la façon suivante : A indique E si toute raison de croire A de degré *p* (supérieur à ½) implique une raison de croire E de degré q (supérieur à ½). Dès qu'une situation A et un événement E sont tels que les raisons de croire en l'un et en l'autre sont liées de cette façon, on pourra dire que S indique E. Le fait que S indique E peut donc être exprimé formellement par une *relation* entre le degré des raisons de croire en S et le degré des raisons de croire en E. Cette relation doit associer tout degré supérieur à ½ à un autre degré supérieur à ½. C'est sa seule condition. En particulier, il n'est pas nécessaire qu'une raison de croire S implique une *plus forte* raison

1. Si on a une raison de croire un énoncé de degré *p*, alors on a une raison de croire son contraire de degré 1-*p*. Accepter des raisons de croire de degré inférieur à ½ conduirait donc à autoriser la possibilité qu'un énoncé et son contraire soient tous deux de connaissance commune, ce qui est absurde.

2. D. Lewis, *Convention. A Philosophical Study*, *op. cit.*, p. 62-63.

de croire E; il suffit qu'elle soit assez forte, c'est-à-dire au moins supérieure à ½.

Cette analyse du concept d'indication peut sembler inutilement complexe. Mais les définitions disponibles d'apparence plus simple ne conviennent pas. « S indique E » pourrait encore être traduit des façons suivantes :

– S implique E.

Il s'agit d'une relation non d'indication mais de preuve.

– S implique une raison de croire en E de degré *p* (supérieur à ½).

Traduite formellement, cette définition aurait pour conséquence fâcheuse que toute raison de croire en S, aussi faible et peu plausible soit-elle, implique une bonne raison de croire en E. Si le fait qu'un volcan entre en éruption indique que ma ville où j'habite, située à son pied, va être détruite, ma croyance à un degré très faible que le volcan pourrait bientôt entrer en éruption ne devrait pas me pousser à déménager. Bien sûr, l'information dont dispose un agent *pourrait* parfois être assez précise pour qu'un événement *a priori* peu plausible ait pour lui une forte probabilité de se produire (par exemple pour un vulcanologue chevronné) et le pousse à agir en conséquence; mais cela ne saurait être un cas général.

– Quand S est le cas, E a une probabilité *p* (supérieure à ½) d'être le cas.

Cette formulation est souvent utilisée pour représenter la relation d'indication *objective*, qui ne prend en compte que les liens causaux entre S et E. Or l'indication, selon Lewis, est toujours *subjective* : elle est relative à un agent et aux informations d'arrière-plan qu'il possède. On peut imaginer des cas dans lesquels une situation indique *objectivement* un fait sans l'indiquer *subjectivement*. Même si la fumée indique en général matériellement le feu avec une probabilité *p*, elle pourrait ne pas l'indiquer à un pompier professionnel lorsqu'il s'agit d'une fumée particulière non issue d'un feu. Autrement dit, peu importe que la fumée indique le feu objectivement, donc à l'individu moyen, avec une certaine probabilité, si tous les agents sont des pompiers expérimentés, capables de distinguer les fumées sans danger de celles effectivement créées par un feu. La connaissance commune demande donc une notion d'indication subjective.

Reprenons à présent la définition de Lewis :

E est de connaissance commune au sein de la population P s'il existe une situation S telle que : 1) Chacun dans P a une bonne raison de croire que S est la situation; 2) S indique à chacun dans P que chacun dans P a de bonnes raisons de croire que S est la situation et 3) S indique à chacun dans P que E.
Si l'on précise les degrés de croyance, cette définition dépend alors de plusieurs degrés de raisons de croire *qui n'ont pas à être égaux* (contrairement au cas de la croyance commune probabiliste). La condition (1) implique un degré de croyance p_1, c'est-à-dire le degré minimum avec lequel tous les individus peuvent croire effectivement que S est réalisée. La condition (2) implique un degré de croyance p_2, correspondant au degré de publicité de S. Il peut en principe être supérieur ou inférieur à p_1. Autrement dit, p_1 est le degré avec lequel les individus peuvent croire que S est réalisée dans le cas particulier; p_2 est le degré minimum avec lequel des individus pourraient croire que S est réalisée *en général*, c'est-à-dire dans tous les cas où S est effectivement réalisée.

Si l'on ne spécifie pas ces deux paramètres, il s'agit d'un cas simple de croyance commune, puisque la définition de Lewis est trop faible en l'état. Pour obtenir la connaissance commune, ces paramètres doivent atteindre leur valeur maximale; p_1 doit donc valoir 1 (les agents ne devraient avoir aucun doute qu'ils sont dans la bonne situation), mais p_2 ne peut avoir qu'une valeur strictement inférieure à 1 en raison de l'objection faillibiliste (aucune situation ne peut s'indiquer elle-même parfaitement). Il est bien sûr difficile de mesurer précisément p_2 qui doit correspondre à l'estimation que l'on se fait des chances d'une incompréhension, d'une distraction ou d'un oubli en général. Néanmoins, la mention explicite de degrés de croyance n'est pas une complication gratuite de l'analyse puisqu'elle permet de différencier une simple croyance commune de la connaissance commune.

Notons que dans l'analyse précédente, le degré de publicité de S et l'incertitude faillibiliste sont regroupées dans le même paramètre p_2. Ne s'agit-il pas d'une fusion abusive de deux phénomènes distincts ? Il ne nous semble pas. Le fait que les agents puissent ne pas croire en l'évidence est une limite naturelle au degré de publicité que peut avoir un événement. Aussi médiatisé soit-il, aussi sûr puisse-t-on être de sa réalisation lorsqu'on la perçoit et des conditions parfaites de perception d'autrui, le fait qu'il est connu de tous ne pourra jamais être garanti en principe pour quiconque. L'incertitude sur l'efficacité avec laquelle S est rendue publique et l'incertitude sur la perception qu'autrui a de S sont donc inséparables. L'existence de différentes raisons de douter n'entraîne pas celle de doutes de différentes natures.

On peut résumer les principales différences entre les connaissances communes classique et lewisienne (ou ordinaire) en mentionnant deux propriétés particulières. Premièrement, dans une situation de connaissance commune ordinaire, les individus ne savent pas que cette situation est le cas, mais ont au mieux une forte croyance à ce sujet. C'est pourquoi il s'agit d'un concept que nous avons déjà qualifié d'externaliste : pas seulement parce qu'il dépend des états mentaux de plus d'un individu, mais parce que son existence ne peut être avérée qu'à partir des informations auxquelles les individus *pourraient* avoir accès. La connaissance commune dépend en partie de l'information et des indices disponibles qui nous renseignent sur l'état du monde.

Deuxièmement et par conséquent, les conclusions tirées de la connaissance commune ordinaire sont *défaisables*. Dans la plupart des situations, c'est parce qu'ils raisonnent inductivement, c'est-à-dire en extrapolant à partir d'un nombre insuffisant d'observations, que les individus se comportent comme s'ils étaient en situation de connaissance commune classique, ignorant la faible possibilité que l'un d'entre eux puisse ne pas avoir correctement perçu l'aspect public de la situation. Certains individus pourraient donc s'apercevoir *après coup* qu'il n'y avait pas connaissance commune entre eux (et donc modifier, ou défaire, leurs conclusions initiales). Dans le cas d'une simple croyance commune erronée, c'est la croyance qui est fausse; mais la connaissance commune peut également être faussement attribuée parce qu'elle est faussement considérée comme étant commune.

Ce que dit notre définition est que le phénomène *naturel* de connaissance commune revient *formellement* à une croyance commune probabiliste spécifique (la plus forte croyance commune qu'autorise l'objection faillibiliste). Cette analyse opère une réconciliation concrète entre les traditions d'analyse formelle et informelle de la connaissance commune.

Discussion

À la lumière de notre analyse de la connaissance commune, nous pouvons à présent répondre aux critiques qui lui sont adressées. Cette dernière section rassemble trois critiques plus ou moins répandues de la connaissance commune, dont nous pouvons désormais montrer qu'elles ne sont pas fondées.

La connaissance commune existe-t-elle ?

Rohit Parikh, dans son récent article « Logical Omniscience and Common Knowledge », propose l'analyse suivante :

> Supposons qu'Anne et Bob soient en train de danser et qu'au moment où Bob avance son pied droit, Anne doit reculer son pied gauche. Si l'une des actions se produit sans l'autre alors soit Bob chutera, soit il marchera sur le pied d'Anne, deux possibilités indésirables. Mais Bob se demande-t-il, « Est-ce que Anne sait que je sais qu'elle sait que je sais qu'elle va reculer son pied gauche ? » Évidemment non. Ce qui se produit est qu'ils écoutent tous deux la même musique, et s'ils se sont déjà entraînés à y danser, alors leurs mouvements s'accorderont et une action coordonnée se produira sans connaissance commune consciente (et en existe-t-il d'autre sorte ?). S'ils ne sont pas entraînés à danser cette danse spécifique, alors aucune quantité de connaissance commune ne pourra les aider.[1].

Ce texte réunit presque tous les problèmes qui se posent lorsque l'on cherche à comprendre la nature de la connaissance commune.

1. R. Parikh, « Logical omniscience and common knowledge. WHAT do we know and what do WE know ? », *in* R. van der Meyden (ed.), *Proceedings of the 10nth Conference on Theoretical Aspects of Rationality and Knowledge*, Singapore, National University of Singapore, p. 70.

Il mêle le sous-entendu que la définition itérative de la connaissance commune est seule valable, à l'affirmation selon laquelle toute connaissance y prenant part devrait être explicite. Nous avons vu que la connaissance commune est en réalité définie par la donnée d'une situation dans laquelle seules quelques connaissances doivent être explicites. Les individus doivent savoir que la situation est publique, mais n'ont pas besoin de croyances sur les croyances d'autrui, seulement de raisons de croire. En ce sens, la connaissance commune n'est pas entièrement « consciente ». Aussi longtemps que les mouvements des danseurs sont coordonnés, ils leur procurent des raisons de croire que les prochains mouvements devraient le rester. Le succès de la danse est un signe qu'Anne et Bob interprètent correctement ces indications. Leur passé de danseur rend manifestes les pas de danses qui devraient suivre.

Même en l'absence d'un tel passé, l'affirmation qu'aucune connaissance commune ne pourrait les aider est au mieux ambiguë. Anne et Bob ont peut-être lu des livres de danse sans jamais avoir pratiqué. En supposant qu'ils sont particulièrement doués, ils pourraient être capables de danser normalement. Deux danseurs qui ne se connaissent pas pourraient, après une période initiale d'apprentissage, comprendre parfaitement leurs styles respectifs. La connaissance commune existe donc et peut donc avoir de multiples sources. Par contre, si l'on désigne par « connaissance commune » une multitude de connaissances imbriquées et conscientes, alors « aucune quantité de connaissance commune » ne pourra en effet aider les danseurs. Mais nous avons suffisamment montré que la connaissance commune peut exister indépendamment des connaissances imbriquées, et en particulier que les individus n'y ont pas recours pour choisir leurs actions. Plus loin dans le même texte, Parikh soutient que la situation ne serait pas différente si Bob dansait avec un robot à l'apparence humaine, alors qu'il n'y aurait aucune connaissance commune (le robot exécutant automatiquement des pas de danse, au mieux en fonction de ceux de Bob, mais pas de ses états mentaux). Cela prouve simplement que la connaissance commune n'est pas *nécessaire* pour se coordonner avec succès : on ne peut pas déduire l'existence de la connaissance commune de la simple observation extérieure de comportements.

Attention conjointe

La seconde critique a déjà été évoquée au chapitre précédent. Si la connaissance commune est un concept irréaliste, alors elle ne saurait être utilisée dans la définition de la coopération. Plusieurs auteurs[1] ont encore récemment soutenu qu'il s'agissait d'un des problèmes majeurs qu'affronte toute tentative de définir la coopération.

Peacocke affirme notamment que les « phénomènes qui ont été caractérisés en termes de connaissance [commune] devraient plutôt être élucidés en termes d'attention conjointe. » L'attention conjointe entre individus est définie comme le fait que ceux-ci perçoivent un fait, sont conscients de cette perception partagée et conscients qu'ils en sont conscients. Il s'agit donc d'une version faible, perceptuelle, de la connaissance commune classique (définie circulairement). De même, il a été proposé que la connaissance commune soit remplacée par l'attention conjointe dans le cas d'interaction entre de jeunes enfants.

Le raisonnement est ici le suivant : 1) La connaissance commune est irréaliste; 2) il existe un concept alternatif, équivalent mais cognitivement moins exigeant; 3) le second devrait remplacer la première dans une définition de la coopération. Or nous avons vu que (1) se fonde sur une analyse erronée de la connaissance commune, fondée sur des connaissances imbriquées[2]. La condition (1) peut cependant être justifiée dans le cas de jeunes enfants, car même notre concept ordinaire de connaissance commune demande certaines connaissances explicites (en la

1. D. Tollefsen, « Collective intentionality and the social sciences », *Philosophy of the Social Sciences*, 32(1), 2002, p. 25-50; C. Peacocke, « Joint attention. Its nature, reflexivity and relation to common knowledge », *in* N. Eilan, C. Hoerl, T. Mc-Cormack, J. Roessler (eds), *Joint Attention. Communication and Other Minds*, Oxford, Clarendon Press, 2005, p. 298-324.

2. Peacocke définit explicitement la connaissance commune de cette façon.

publicité d'une situation) qu'un enfant ne pourrait avoir.[1] Dans la condition (2), le concept alternatif ressemblera typiquement à l'attention conjointe. Or l'attention conjointe n'est pas radicalement différente de la connaissance commune : elle en donne l'une des conditions d'apparition. La connaissance commune est donc une conséquence de l'attention conjointe. Remplacer l'une par l'autre dans la conclusion (3) ne ferait rien d'autre que rendre la définition moins générale (il existe des cas de connaissance commune sans attention conjointe, comme nous le verrons dans un instant). La situation serait exactement la même si l'on soutenait qu'il faut remplacer la condition d'existence de la connaissance commune par celle d'un événement public…

Ce remplacement est donc totalement inoffensif et le prétendu problème « majeur » de l'irréalisme est grandement surestimé. La connaissance commune peut apparaître de nombreuses manières, qui diffèrent selon les individus concernés. Cela ne rend pas le concept inadapté. L'attention conjointe ne semble plus réaliste que parce que la connaissance commune est faussement considérée comme irréaliste.

Connaissance commune indirecte

Il existe une dernière objection à la pertinence ou à la généralité de notre analyse : il est fréquent que la connaissance commune entre des agents ne soit fondée *sur aucun événement public*. Par exemple, si deux personnes de nationalité française se rencontrent un journal à la main, il sera automatiquement de connaissance commune entre elles que le Président de la République est François Hollande (indépendamment du titre du journal, qui ne sert qu'à assurer à chacune que l'autre est française et semble se tenir informée des événements). Plus généralement, il suffit à deux personnes se rencontrant pour la première fois d'obtenir un minimum d'information l'une sur l'autre pour qu'une quantité de choses deviennent automatiquement de connaissance commune

1. Posséder le concept de publicité présuppose que l'on puisse imaginer que d'autres individus puissent avoir des états mentaux différents du sien, ce dont un jeune enfant n'est pas capable.

entre elles. On peut alors parler de *connaissance commune indirecte*, qui semble être un type totalement différent de connaissance commune.

La connaissance commune indirecte peut cependant recevoir une définition très proche de celle de la connaissance commune ordinaire. Au lieu de fonder la connaissance commune de E sur un unique événement public (c'est-à-dire qui indique que tous ont de bonnes raisons de le croire réalisé lui-même, et indique que E), il suffit d'introduire un *ensemble* d'événements qui indiquent mutuellement que chacun d'entre eux indique E. Être français et informé m'indique que François Hollande est Président, mais également que tout autre français informé a de bonnes raisons de croire que Sarkozy est Président. Alors qu'un événement public informe de sa propre réalisation, on aura ici un ensemble d'événements similaires dont chaque élément a des conséquences et indique que chacun des autres a les mêmes conséquences. Autrement dit, au lieu d'un événement *public* on a un ensemble d'événements *typiques*. La façon dont les raisons de croire sont obtenues n'est modifiée qu'extérieurement; au lieu d'être issues de la publicité d'une situation, elles proviennent de sa typicité. Il est important de retenir que *la connaissance commune indirecte est semblable à la connaissance commune de Lewis*, et qu'elle est donc définissable par le même vocabulaire. Nous reviendrons sur cette proximité conceptuelle dans le dernier chapitre, où elle servira alors à justifier notre définition de la coopération.

Chapitre III

EXPLICATIONS

Explications prochaines et ultimes

À la différence des définitions de la coopération, les explications qu'on en donne sont, comme nous allons le voir, nombreuses, variées et parfois difficilement comparables. Nous avons distingué dans l'introduction deux grands types d'explications causales, selon qu'elles s'intéressent aux causes ultimes (globales) ou prochaines (locales) du comportement coopératif. Ce chapitre les étudiera successivement. S'y ajoutent parfois les descriptions des différentes façons dont se manifeste le comportement coopératif, fondées sur les résultats d'expériences et d'études, que ce soit en psychologie sociale, en éthologie (étude du comportement animal), en anthropologie (étude des sociétés humaines). Il peut s'agir de déterminer les conditions qui mènent à l'apparition d'un comportement coopératif ou bien les capacités cognitives qui semblent indispensables pour ce comportement, ou encore tout simplement d'étudier les différentes façons dont des individus (humains ou non) peuvent coopérer. Les descriptions ne sont pas à proprement parler des explications, mais elles leur procurent en quelque sorte leur matière.

La littérature sur l'explication de la coopération est beaucoup plus abondante que celle portant sur sa définition. Elle embrasse bien entendu un plus grand nombre de domaines, tandis que les questions de définition sont l'affaire quasi-exclusive de la philosophie. Mais pourquoi tant d'engouement pour la recherche des causes du comportement coopératif? Pourquoi ne pas rechercher avec autant d'énergie les explications d'autres comportements, comme la fuite ou l'agression? C'est que la coopération est profondément problématique : dans de nombreux cas, il existe de si bonnes raisons expliquant pourquoi des individus *ne* devraient *pas* coopérer qu'il devient difficile de comprendre pourquoi ils coopèrent fréquemment. La plupart des cas discutés sont d'ailleurs appelés des *dilemmes coopératifs* (ou sociaux).

Imaginons la situation suivante. J'ai remarqué chez une vague connaissance un livre qui m'intéresse et qu'elle ne lit plus; et elle a remarqué de même un livre chez moi (les deux livres ont la même valeur marchande). Nous décidons de nous échanger les livres. Supposons que nous ne puissions plus nous rencontrer et que l'échange doive être fait avant une date précise (nous déménageons bientôt tous les deux et ne connaissons pas nos futures adresses). Peu avant la date limite, je dois décider ou non si j'envoie le livre à cette personne, l'envoi me coûtant des frais de port. Mon raisonnement est alors le suivant : dans tous les cas, je n'ai pas intérêt à envoyer mon livre. Que je reçoive ou non l'autre livre, je gagnerai à ne pas envoyer le mien puisque j'économiserai ainsi les frais de port[1]. Mon intérêt individuel est donc de ne rien envoyer. Mais la situation est identique pour l'autre personne et si chacun suit son intérêt individuel, personne ne recevra le livre de l'autre, qui avait pourtant plus de valeur à ses yeux que son propre livre. Autrement dit, les intérêts individuels et l'intérêt commun sont en contradiction. Il s'agit d'un dilemme coopératif : comment expliquer que certaines personnes coopèrent quand leur intérêt individuel devrait les mener à ne pas le faire? Donner une explication *prochaine* du comportement coopératif revient à trouver les mécanismes psychologiques qui mènent des individus à la décision de coopérer dans de tels cas.

Imaginons maintenant une autre situation. Les membres d'une tribu ont toujours chassé de façon solitaire et se nourrissent du seul produit de leur chasse. Parfois apparaissent au sein de la tribu des

1. Ce raisonnement suppose que je n'attache aucune importance à l'opinion qu'aura l'autre personne de moi, ni à ce qu'elle pourrait dire de moi, et qu'elle ne puisse me retrouver pour se venger.

membres qui décident d'aller chasser ensemble et, au prix d'efforts considérables, attrapent un gibier dangereux mais plus nourrissant que leurs maigres proies habituelles. Ils le rapportent pour qu'il soit partagé au sein de la tribu. Or, ceux qui chassent de cette façon périssent parfois lors de la chasse ; et, nourris comme les autres, ils fournissent plus d'efforts et utilisent davantage de ressources pour chasser. Ils sont donc en général en plus mauvaise santé, et disposent de moins de ressources pour élever leurs enfants. Par suite, quand apparaissent des chasseurs coopératifs, ils tendent à disparaître plus rapidement et à faire moins d'enfants. Si cette tendance à coopérer est génétique, les enfants qui la reçoivent verront leur nombre diminuer avec le temps au sein de la tribu. Les avantages individuels et collectifs sont opposés. Chacun bénéficierait d'une nourriture plus riche, mais ceux qui pourraient la procurer à tous ne deviendront jamais assez nombreux. Il s'agit ici encore d'un dilemme coopératif, mais cette fois de nature évolutionnaire. Donner une explication *ultime* de la coopération revient dans les cas de ce genre à trouver les mécanismes pouvant expliquer comment des individus coopératifs pourraient survivre plus longtemps ou avoir davantage de descendants que les autres.

Les explications prochaines et ultimes de la coopération cherchent à résoudre deux versions différentes du même problème fondamental. Il s'agit de trouver des mécanismes expliquant pourquoi coopérer peut être bénéfique, soit en termes d'intérêt concret de l'individu – alors que la non-coopération *semble* objectivement plus préférable – soit en termes d'avantages de survie et de reproduction au niveau de l'espèce, alors que ne pas coopérer semble conférer un avantage évolutif certain. Les sections suivantes énumèrent, commentent et critiquent les diverses solutions qui ont été proposées.

Explications ultimes

On peut distinguer trois types fondamentaux de causes ultimes du comportement coopératif humain – c'est-à-dire de causes de son apparition et de sa stabilisation au sein d'une espèce. Une explication *génétique* mettra en avant l'avantage évolutif que la coopération procure à une espèce par rapport à celles qui ne coopèrent pas, en termes de taux de reproduction plus élevé. Il s'agit de justifier le comportement coopératif en trouvant comment les individus qui coopèrent pourraient avoir un plus grand nombre de descendants. Si ce comportement est causé par un ou des gènes qui sont transmis aux descendants, et si les individus coopératifs ont en moyenne plus de descendants que les autres, alors la proportion d'individus coopératifs dans la population augmentera au fil des générations[1]. Une explication *culturelle* privilégiera au contraire les aspects sociaux, soulignant que le comportement coopératif est essentiellement *acquis* et non inné comme le suppose l'explication génétique. Le principe d'une explication de ce genre consiste à décrire comment le comportement coopératif peut se répandre au sein d'une communauté à partir de mécanismes tels que les normes culturelles, les punitions, l'imitation, etc. Enfin, une explication *géographique* cherchera les facteurs déterminants d'un comportement dans l'environnement particulier de l'espèce concernée.

Si la voie des explications géographiques est conceptuellement possible, elle est dans les faits peu empruntée. Le comportement coopératif humain à la surface du globe varie dans son intensité mais est partout présent. Il semble par conséquent que les particularités de l'environnement jouent éventuellement un rôle comme paramètre influent mais non comme facteur déterminant pour la possibilité de comportements coopératifs. D'autre part, une contrainte géographique aura au mieux des conséquences sur le *type* de situations potentiellement coopératives que les humains peuvent rencontrer, mais non sur le fait qu'ils en rencontrent – sinon la coopération n'aurait évidemment pas pu apparaître. Ces raisons expliquent sans doute en partie pourquoi les explications géographiques sont si peu nombreuses[2] – elles n'imposent pas de les abandonner complètement.

1. Nous détaillerons davantage ce mécanisme dès la section suivante.

2. Les ouvrages de Jared Diamond donnent un bon aperçu de ce qu'est une théorie géographique – même s'ils n'abordent pas le sujet de la coopération humaine. Voir par exemple J. Diamond, *Guns, Germs, and Steel. The Fate of Human Societies*, New York, W.W. Norton and Co., 1997.

Quant aux explications génétiques et culturelles, elles tendent dans les faits à fusionner. En effet, une explication culturelle devrait expliquer pourquoi et comment les cultures favorisant la coopération peuvent prendre le dessus sur les autres – c'est-à-dire détailler les mécanismes dirigeant l'évolution culturelle. Les deux types de théories se retrouvent donc sous l'étiquette générale de théories *évolutionnistes* : un comportement coopératif peut se répandre parce que la population qui le manifeste étouffe après des générations les autres sous son nombre, ou bien, sur une échelle de temps plus réduite, parce que ses effets positifs suscitent par exemple davantage d'imitation. En d'autres termes, soit les agents ont une nature fondamentalement fixe (coopérative ou non) et l'on compare leurs taux de reproduction respectifs; soit ils peuvent choisir le comportement qu'ils adoptent et on compare l'attrait (rationnel ou non) exercé par les divers comportements possibles.

Le cadre évolutionniste

Nous présentons dans cette section les principales hypothèses évolutionnistes qui ont été proposées pour expliquer la coopération. Toutes se fondent sur la théorie darwinienne de la sélection naturelle. Rappelons les principes de ce mécanisme. On appelle habituellement « trait » toute caractéristique d'un individu, comme la couleur de ses yeux, le fait qu'il ait un cœur, ou même certains aspects de son comportement – comme le fait qu'il sursaute devant un serpent, ou coopère avec autrui. On considère en général que la sélection naturelle d'un trait est caractérisée par trois grands principes :

- Principe de *variation du phénotype* : Il faut que les traits varient au sein de la population, c'est-à-dire qu'un même trait ne soit pas possédé par tous.
- Principe d'*héritabilité* : Il faut que les traits puissent être transmissibles, ou héritables, d'un parent à sa progéniture.
- Principe de *différence de fitness* : La fitness[1] est définie comme le taux de survie et de reproduction des individus. Ce principe stipule donc que différents individus ont des fitness

1. Nous conservons ici le terme anglais, qui est désormais consacré.

différentes, c'est-à-dire des durées de vie et un nombre moyen de descendants différents[1].

Un trait pourra typiquement être sélectionné lorsqu'il est en concurrence avec d'autres traits, si ces différents traits sont associés à différents taux de reproduction, et qu'ils sont transmissibles d'un individu à ses descendants. Si un trait est héritable et a simultanément pour conséquence d'augmenter le nombre de descendants des individus qui le possèdent, alors la génération suivante de la population comprendra une proportion plus importante d'individus possédant ce trait. Le trait se « répandra » donc dans la population au fil des générations.

L'une des caractéristiques les plus importantes de la sélection naturelle est qu'il s'agit d'un mécanisme abstrait dont les déclinaisons concrètes sont multiples. En particulier, il ne pose aucune contrainte préalable sur la nature des « individus » qui composent la population considérée. La sélection peut s'exercer sur différentes « unités de sélection », tant qu'elles satisfont aux trois principes fondamentaux. Nous verrons que certaines explications évolutionnistes se fondent effectivement sur d'autres unités de sélection que les individus.

Les pages suivantes énumèrent les différents types d'explications évolutionnistes disponibles. Nous avons ici privilégié un ordre grossièrement chronologique car une nouvelle théorie est souvent apparue pour compléter ou remplacer les précédentes, alors considérées comme insuffisantes.

La sélection de parentèle[2]

Cette hypothèse a longtemps été privilégiée par les théoriciens de l'évolution pour expliquer la coopération et elle garde un rôle

1. R. C. Lewontin, « The Units of Selection », *Annual Review of Ecology and Systematics*, 1, 1970, p. 1-18. Les conditions ne sont pas suffisantes, car pour que les causes de la sélection soient claires, il faudrait ajouter que la différence de fitness doit être causée par la différence des traits. Elles ne sont pas non plus nécessaires. Nous laissons de côté cette discussion qui est sans conséquence pour l'argument général.

2. W.D. Hamilton, « The Genetical Evolution of Social Behavior », *Journal of Theoretical Biology*, 7, 1964, p. 17-52.

primordial dans l'explication de la coopération non humaine[1]. Elle est inspirée d'exemples de comportement animal, comme celui des fourmis ouvrières, qui sont stériles mais dont le travail favorise la survie de larves dont elles sont parentes. Un tel comportement demande des efforts et est donc coûteux ; or il n'a aucune incidence sur le taux de reproduction des fourmis ouvrières (qui est nul) et une influence négative (ou au mieux négligeable) sur leur survie. À première vue, son existence ne semble donc pas pouvoir être expliquée par le mécanisme classique de la sélection naturelle tel que nous l'avons décrit. L'hypothèse de sélection de parentèle apporte une solution : son postulat est que l'évolution ne se joue pas au niveau des individus mais au niveau des profils génétiques. Les unités de sélection fondamentales ne sont pas les individus ayant certains traits, mais ceux ayant certains gènes. Les fourmis d'une même colonie sont génétiquement proches. Aussi, même si les efforts d'une ouvrière n'améliorent pas sa fitness, ils améliorent celle de parentes dont le profil génétique est proche. Si son comportement altruiste est causé par certains de ses gènes, et qu'il favorise la fitness de plusieurs individus qui ont un profil génétique proche, alors la plupart des gènes de l'ouvrière (et en particulier le(s) gène(s) de l'altruisme) seront globalement favorisés, même si elle ne peut se reproduire. En conséquence, d'après la sélection de parentèle, lorsqu'on calcule les conséquences d'un comportement sur la fitness, il ne faut pas prendre en compte celle du seul individu concerné, mais la somme des fitness de ses parents[2].

Il ne fait pas de doute que cette théorie fournit une explication satisfaisante pour de nombreux comportements animaux. Il est toutefois difficile de lui reconnaître un caractère explicatif général, en raison des exemples de coopération, notamment humaine, entre des individus non apparentés, voire totalement étrangers. La sélection de parentèle ne peut pas expliquer la coopération

1. *Cf.* A.F.G. Bourke, *Principles of Social Evolution*, Oxford, Oxford University Press, 2011.

2. Il faut bien sûr pondérer cette somme : l'effet d'un comportement sur la fitness d'un frère devrait plus « compter » que son effet sur la fitness d'un petit-cousin, c'est-à-dire d'un parent génétiquement plus éloigné.

qu'entre membres génétiquement proches et non entre étrangers ou entre membres de deux espèces différentes, et ne s'applique pas à l'évolution culturelle. Cette explication est donc insuffisante.

L'altruisme réciproque[1]

L'hypothèse de l'altruisme réciproque postule qu'un individu peut en aider un autre et endurer des coûts à court terme parce qu'il attend de l'autre des bénéfices à plus long terme. Aider un individu, tout en étant coûteux dans l'immédiat, peut se révéler globalement avantageux si celui que j'ai aidé me rend un jour la pareille. Il s'agit donc d'une explication utilitaire fondée sur des coûts et des bénéfices, qui reste cependant une explication ultime : elle ne fournit pas nécessairement la raison de coopérer. Simplement, les individus ayant agi selon cette règle pourront effectivement recevoir en moyenne plus de bénéfices que les autres, ce qui influe sur leur avantage reproductif (ou peut susciter l'imitation d'autrui).

Cette hypothèse permet d'expliquer l'intérêt de la coopération entre des individus qui ne sont pas nécessairement parents, y compris s'ils sont de différentes espèces. L'exemple par excellence est celui des chauves-souris vampires, qui se nourrissent du sang d'animaux et pour lesquelles il est relativement fréquent de ne pas trouver de nourriture. Dans ce cas, une chauve-souris affamée peut être nourrie par une autre ayant pu se nourrir, qui régurgite une partie du sang qu'elle a obtenu. On a pu observer que les chauves-souris tendent à davantage aider de la sorte celles qui les ont aidées par le passé[2].

Cependant, l'explication de la coopération par altruisme réciproque souffre de plusieurs limites. Elle n'est en réalité que rarement observée[3]. De plus, elle ne fonctionne que dans le cas d'interactions répétées (qui seules procurent l'occasion de

1. R. Trivers, « The Evolution of Reciprocal Altruism », *Quarterly Review of Biology*, 46, 1971, p. 35-57.

2. G. Wilkinson, « Reciprocal Food Sharing in the Vampire Bat », *Nature*, 308, 1984, p. 181-184.

3. P. Hammerstein, « Why is Reciprocity so Rare in Social Animals? A Protestant Appeal », *in* P. Hammerstein (ed.), *Genetic and Cultural Evolution of Cooperation*, Cambridge, MA, MIT Press, 2003, p. 83-94.

« rembourser » autrui), alors que les êtres humains coopèrent également lors d'interactions uniques. Par exemple, les humains peuvent manifester un comportement d'aide à un malade grave ayant peu de possibilités de survivre (et donc de rendre la pareille), alors qu'ils devraient le laisser mourir s'ils raisonnaient en termes de bénéfice futur espéré. Enfin, la coopération par altruisme exige des individus capables de s'identifier (il leur faut se rappeler qui les a aidés ou non par le passé) et ne suffit donc pas à expliquer les cas attestés par l'expérience de coopération au sein de grands groupes[1].

La réciprocité indirecte[2]

Cette hypothèse étend l'hypothèse précédente en considérant qu'un individu pourrait en aider un autre même sans possibilité de remboursement futur, à condition que son acte de coopération puisse être communiqué de manière crédible à d'autres individus. Ceux-ci auront alors davantage tendance à coopérer avec lui parce qu'il aura pour ainsi dire *bonne réputation*; d'où, encore une fois, de probables bénéfices futurs. Il peut m'être profitable de coopérer avec une personne que je ne rencontrerai jamais plus si elle raconte à d'autres que je suis un coopérateur et si elle contribue de cette manière à mon identité publique. Il s'agit encore d'une hypothèse explicative utilitaire mais avec cette fois-ci une dimension plus clairement culturelle. Par rapport à l'altruisme réciproque, la réciprocité indirecte n'exige d'interactions successives qu'avec différents membres de la population. Il pourrait sembler qu'il n'est également plus demandé aux individus d'être capables de se reconnaître. Mais les conditions nécessaires sont en réalité amplifiées. En effet, la réciprocité indirecte ne peut fonctionner que si les individus peuvent identifier le caractère coopératif de personnes qu'ils n'ont jamais rencontrées.

1. R. Boyd, P. Richerson, « The Evolution of Indirect Reciprocity », *Social Networks*, 11, 1989, p. 213-236.

2. R.D. Alexander, *The Biology of Moral Systems*, Cambridge, Cambridge University Press, 1987.

Ce mécanisme a été modélisé mathématiquement avec un certain succès. Il existe deux façons de représenter la réputation d'un individu, c'est-à-dire sa valeur coopérative. La première méthode stipule qu'un individu aura un « score d'image[1] » positif lorsqu'il aide autrui, et un score négatif dans le cas contraire. Selon la seconde version, plus satisfaisante, un individu n'a un « standing[2] » négatif que lorsqu'il n'aide pas des individus qui ont un standing positif. Aider un non-coopérant ne suffit pas à obtenir une réputation de non-coopérant. Ces modélisations rencontrent cependant certains problèmes : elles n'expliquent la stabilité du comportement coopératif que pour certains types d'action[3] et de plus ne correspondent pas au comportement humain observé expérimentalement[4].

La réciprocité indirecte est donc cognitivement plus exigeante que l'altruisme réciproque, mais elle explique en contrepartie la coopération dans un plus grand nombre de cas. Cependant, elle souffre pour l'instant de limites formelles et elle ne rend pas compte des expériences où des êtres humains coopèrent alors qu'ils sont dans des conditions d'isolement et d'anonymat total (et dont on peut s'assurer qu'ils les perçoivent parfaitement).

Le signal coûteux[5]

Ce mécanisme est proche du précédent. Il stipule que des individus manifesteraient leur statut de partenaire profitable en émettant des signaux coûteux, ou handicapants – c'est-à-dire qui réduisent leur fitness. Le principe est le suivant : un individu vivant dans les mêmes conditions que les autres tout en ayant un

1. M.A. Nowak, K. Sigmund, « The dynamics of indirect reciprocity », *Journal of Theoretical Biology*, 194, 1998, p. 561-574.

2. O. Leimar, P. Hammerstein, « Evolution of cooperation through indirect reciprocity », *Proceedings. Biological Sciences*, 268(1468), 2001, p. 745-753.

3. *Ibid.*

4. M. Milinski, D. Semmann, T.C. Bakker, H.J. Krambeck, « Cooperation through indirect reciprocity : image scoring or standing strategy ? », *Proceedings. Biological sciences/The Royal Society* 268(1484), 2001, p. 2495-501.

5. A. Zahavi, « Mate selection. A selection for a handicap », *Journal of Theoretical Biology*, 53, 1975, p. 205-214 ; S. Bowles, H. Gintis, « The evolution of strong reciprocity. Cooperation in heterogeneous populations », *Theoretical Population Biology*, 65(1), 2004, p. 17-28.

handicap particulier signale indirectement sa plus grande valeur. La queue du paon, les andouillers des cerfs sont quelques exemples de caractéristiques apparemment inutiles mais qui signalent les qualités intrinsèques des individus. Si les individus sont capables d'émettre ces signaux, c'est qu'ils ont assez de ressources pour le faire et il est donc avantageux de coopérer avec eux. Le coût du signal implique aussi qu'il est difficile de le simuler et garantit sa fiabilité. On peut dire qu'un signal coûteux permet de fabriquer une image de bon coopérant sans dépendre d'autrui pour répandre cette réputation. Elle est donc moins exigeante cognitivement que la réciprocité indirecte : les individus n'ont plus besoin de se rappeler qui est un bon coopérant, puisqu'ils en ont constamment les signes sous les yeux.

Le signal coûteux reste une explication utilitaire. Cette hypothèse fournit de plus une explication prochaine claire : si on souhaite coopérer, il est individuellement rationnel de le faire avec l'émetteur d'un tel signal plutôt qu'avec un autre individu. Elle ne permet cependant pas d'expliquer tous les cas de coopération humaine car les êtres humains peuvent coopérer avec des personnes sur lesquelles ils n'ont aucune information préalable. Il s'agit une fois encore d'un mécanisme qui semble principalement convenir à l'explication de cas de coopération animale.

La sélection de groupe [1]

Alors que pour la sélection de parentèle, l'unité de sélection n'était pas l'individu mais le gène, elle est ici située à un niveau supérieur à l'individu, celui du groupe. L'idée est la suivante : les groupes contenant beaucoup de coopérants se développeront davantage et plus rapidement que des groupes qui en contiennent peu. Si la majorité des membres d'un groupe coopèrent, les bénéfices mutuels seront nombreux et la population croîtra plus

1. E. Sober, D.S. Wilson, *Unto Others. The Evolution and Psychology of Unselfish Behavior*, Cambridge, MA, Harvard University Press, 1998. Ils ne sont pas les inventeurs de l'hypothèse, mais ses meilleurs défenseurs récents, puisqu'ils l'ont remise au goût du jour alors qu'elle était généralement considérée comme discréditée. S. Okasha, *Evolution and the Levels of Selection*, Oxford, Oxford University Press, 2006, contient une excellente présentation du débat, parfois houleux, sur les niveaux de sélection.

rapidement que si les non-coopérants étaient plus nombreux. L'explication n'est cependant pas encore complète. Au sein d'un groupe, les coopérants restent à la merci de non-coopérants qui les exploiteraient, et donc devraient envahir le groupe à long terme. Il faut donc de plus que les groupes se dissolvent et se recombinent régulièrement de façon à ce que le nombre de non-coopérants ne devienne jamais trop élevé. Ainsi, ce ne sont pas les fitness des individus, mais celles des *groupes* d'individus qu'il faut comparer, en supposant qu'ils peuvent en quelque sorte eux aussi se « reproduire ». La fragilité du comportement coopératif *à l'intérieur* des groupes est compensée par l'effet positif de la coopération dans la compétition *entre* groupes.

Un groupe peut être constitué d'individus physiquement isolés, mais ce n'est pas nécessaire. Pour former un groupe, il suffit que des individus ayant le même trait (par exemple un comportement coopératif) se rencontrent de façon corrélée, c'est-à-dire qu'un coopérant rencontre en moyenne plus de coopérants que de non-coopérants. Cela sera le cas si les individus sont spatialement proches, mais également si les coopérants sont capables de se reconnaître (même imparfaitement) avant d'interagir – ce qui leur permet d'interagir davantage avec d'autres coopérants.

La sélection de groupe est une hypothèse fructueuse mais qui soulève plusieurs problèmes. Elle ne fournit pas d'explication génétique. Il semble en effet peu réaliste de supposer qu'un groupe puisse rester stable assez longtemps, notamment en raison des phénomènes de migration d'individus entre groupes. L'explication doit donc être culturelle. Il faut alors expliquer comment les coopérants se reconnaissent entre eux. Il est désormais généralement reconnu que la sélection de parentèle est au moins un cas particulier de la sélection de groupe, et au mieux une alternative équivalente[1]. Ainsi, la sélection de groupe annexe, pour ainsi dire, les succès

1. Pour une défense de la thèse de l'équivalence, voir J.A.R. Marshall, « Group selection and kin selection. Formally equivalent approaches », *Trends in Ecology and Evolution*, 26(7), 2011, p. 325-332. Les critiques de la sélection de parentèle ne nient pas la ressemblance *formelle* entre les deux théories, mais soutiennent que certains cas de sélection ne peuvent être *interprétés* dans le cadre de la sélection de parentèle. Nous n'entrerons pas dans ce débat extrêmement spécialisé.

empiriques de la sélection parentèle dans le domaine animal, et celle-ci de son côté hérite d'une puissance explicative supérieure.

La théorie des mèmes[1]

Cette hypothèse postule l'existence d'unités culturelles de sélection appelées « les mèmes ». Un mème peut être une idée, une mélodie, un slogan, une mode, un comportement, susceptible de se répandre dans un groupe, par exemple par un phénomène d'imitation. Certains mèmes étant plus imités que d'autres, ils se répandent donc davantage et plus rapidement. L'explication de la coopération proposée dans ce cadre suppose qu'il existe un même de l'altruisme. Le comportement altruiste (et en particulier, coopératif) se répandrait au sein d'une population parce que les individus altruistes nouent plus de relations et ont donc davantage d'occasions d'être imités et de transmettre leurs propres mèmes, y compris celui de l'altruisme, que les non-altruistes. Les comportements altruiste et coopératif seraient donc tels qu'ils créent des conditions facilitant la propagation de leurs mèmes.

Une telle explication se situe au niveau de l'évolution culturelle, donc d'un mécanisme de sélection opérant à une échelle de temps réduite. Sa portée est cependant faible. Il est d'abord difficile de définir précisément ce qu'est un mème. De plus, un comportement altruiste ou coopératif reste coûteux, et la transmission des mèmes pourrait ne pas être suffisamment efficace pour contrebalancer cet effet négatif. Enfin, rien n'assure que les conditions caractéristiques d'un mécanisme de sélection soient remplies. En particulier, rien ne garantit que les mèmes soient transmis avec une fidélité suffisante d'un individu à l'autre, ni même qu'ils soient simplement transmis. Il est tout à fait envisageable que les individus puissent copier le comportement d'autrui sans copier ses raisons d'agir, c'est-à-dire qu'ils puissent agir de la même façon pour leurs propres raisons. Aucun « déclencheur » du comportement coopératif ne serait alors transmis.

1. R. Dawkins, *The Selfish Gene*, Oxford, Oxford University Press, 1976 ; S. Blackmore, *The Meme Machine*, Oxford, Oxford University Press, 1999.

La réciprocité forte[1]

C'est la plus récente des théories existantes. Elle n'explique pas réellement le comportement coopératif, mais se contente de le décrire précisément. Son principe est que les êtres humains coopèrent indépendamment de la possibilité d'un bénéfice futur, c'est-à-dire qu'ils tendent à récompenser ceux qui ont coopéré par le passé et à punir ceux qui ne l'ont pas fait alors qu'ils le pouvaient, même s'ils pensent ne plus jamais devoir les rencontrer et ne pouvoir tirer aucune réputation positive de leur acte. Nous serions donc enclins à sacrifier définitivement des ressources, dans une optique positive ou négative. La coopération n'est plus considérée d'un point de vue strictement utilitaire. Cette description va donc à l'encontre des hypothèses d'altruisme réciproque et de réciprocité indirecte. Sa force repose sur le grand nombre d'expériences qui la confirment, en particulier sur les cas problématiques de coopération lors d'interactions anonymes et ponctuelles. Des résultats expérimentaux ont révélé que des individus tendent par exemple à récompenser ou à punir ceux qui ont coopéré ou non, même s'ils n'ont pas été personnellement affectés. De plus, les individus qui coopèrent ou non s'attendent à être récompensés ou punis de cette façon.

La limite de cette hypothèse est qu'elle est uniquement descriptive. Ses défenseurs signalent cependant que la réciprocité forte est plausible au regard de l'évolution humaine, puisque son apparition est compatible avec les conditions de vie des chasseurs-cueilleurs humains lors de la dernière époque qui ait pu influer sur notre patrimoine génétique actuel[2]. Mais l'explication de la réciprocité forte nécessite le recours à des mécanismes supplémentaires, par

1. S. Bowles, H. Gintis, « The evolution of strong reciprocity. Cooperation in heterogeneous populations », art. cit. ; E. Fehr, U. Fischbacher, S. Gächter, « Strong reciprocity, human cooperation and the enforcement of social norms », *Human Nature*, 13(1), 2002, p. 1-25.

2. E. Fehr, J. Henrich, « Is strong reciprocity a maladaptation? on the evolutionary foundations of human altruism », *in* P. Hammerstein (ed.), *Genetic and Cultural Evolution of Cooperation*, Cambridge, MA, MIT Press, 2003, p. 55-82. Cependant, cette justesse de decription a récemment été fortement remise en cause par F. Guala, « Reciprocity : weak or strong? What punishment experiments do (and do not) demonstrate », *Behavioral and Brain Sciences*, 35, 2012, p. 1-59.

exemple une explication culturelle qui justifierait la stabilité de comportements de punition et de récompense[1].

La coopération comme sous-produit

Les hypothèses précédentes expliquent directement l'apparition du comportement coopératif à partir des avantages évolutionnaires qu'elle procure. Il existe cependant plusieurs théories qui envisagent l'apparition de la coopération comme un résultat *indirect* de l'évolution génétique. Le principe est que le comportement coopératif aurait été rendu possible par l'existence d'autres capacités humaines, elles-mêmes découlant de l'évolution de l'espèce. La principale hypothèse de ce type est celle de l'intelligence machiavellienne[2]. Le fait que des individus vivent de plus en plus en groupe aurait déclenché une augmentation radicale de leur intelligence, notamment leur intelligence sociale, si bien qu'ils auraient appris à se servir stratégiquement les uns des autres. Le comportement coopératif serait ainsi un sous-produit d'autres facteurs, eux-mêmes explicables par la sélection naturelle. Dans ce type d'explication, l'accent n'est donc pas mis sur l'utilité du comportement coopératif pour l'espèce mais sur les conditions (facultés cognitives, environnement) qui l'ont rendu possible. Dans la même veine, certains auteurs ont par exemple proposé un modèle dans lequel la coopération apparaît à la suite (et en raison) de l'acquisition par les individus de la faculté de deviner les intentions et de détecter les mensonges d'autrui.

Quelle explication ultime ?

Les explications évolutionnistes sont multiples. D'abord, nous avons vu que si elles mobilisent toutes la théorie de la sélection naturelle, celle-ci peut être appliquée de multiples façons. Les

1. *Cf.* par exemple R. Boyd, P. Richerson, *Not by Genes Alone. How Culture Transformed Human Evolution*, Chicago, The University of Chicago Press, 2005.

2. R.V. Byrne, A. Whiten, *Machiavellian Intelligence. Social Expertise ans the Evolution of Intellect in Monkeys, Apes and Humans*, Oxford, Oxford University Press, 1989. Pour un modèle mathématique dans cette veine, voir par exemple J. Orbell, T. Morikawa, J. Hartwig, J. Stanley, N. Allen, « Machiavellian intelligence as a basis for the evolution of cooperative dispositions », *American Political Science Review*, 98(1), 2004, p. 1-15.

traits sélectionnés peuvent avoir une base génétique ou culturelle, la différence essentielle se situant au niveau de l'échelle de temps considérée : si on estime habituellement qu'un trait génétique aura besoin d'environ dix mille ans pour atteindre une population entière, un trait culturel peut s'installer beaucoup plus rapidement. Plus précisément, de nombreuses unités de sélection sont envisageables : elles peuvent notamment être physiquement plus petites qu'un individu (les gènes dans la sélection de parentèle), plus grandes (les groupes d'individus dans la sélection de groupe) ou encore d'une nature différente (les mèmes).

De plus, toutes ces hypothèses ne se situent pas au même niveau explicatif. L'altruisme réciproque, la réciprocité indirecte et le signal coûteux correspondent à des explications stratégiques pouvant donner un fondement rationnel à la coopération : elles expliquent pourquoi le comportement coopératif peut être considéré comme avantageux en termes de gain de l'individu, et en conséquence pour l'espèce. La réciprocité forte, seule hypothèse actuelle viable étant donné les résultats expérimentaux disponibles, est descriptive et pratiquement dénuée de tout pouvoir explicatif. Le cas de la sélection de parentèle est plus difficile : son pouvoir explicatif semble limité, puisqu'elle ne concerne que la coopération entre parents (au sens large); mais comme nous l'avons vu, des travaux récents montrent que son modèle mathématique est semblable à celui de la sélection de groupe[1], ce qui lui donne une place précise au sein d'une théorie plus générale qui est quant à elle applicable à l'être humain.

Le principal obstacle rencontré par les explications évolutionnistes provient paradoxalement de leur nombre et de leur variété. Pour chacune d'entre elles, il existe des comportements, animaux et/ou humains, qu'elles permettent d'expliquer, ainsi que

1. *Cf.* L. Lehmann, L. Keller, S. West, D. Roze, « Group selection and kin selection : two concepts but one process », *Proceedings of the National Academy of Sciences of the U.S.A*, 104(16), 2007, p. 6736-6739; J.A.R. Marshall, « Group selection and kin selection. Formally equivalent approaches », *Trends in Ecology and Evolution*, 26(7), 2011, p. 325-332. Intuitivement, on peut par exemple penser que les membres d'un même groupe, s'il est suffisamment stable à l'échelle de l'évolution génétique, seront vraisemblablement tous parents à un certain degré.

des modèles mathématiques qui montrent qu'elles auraient pu jouer un rôle crucial dans l'apparition et la stabilisation de la coopération. Le problème est donc que toutes semblent au moins partiellement acceptables : elles permettent toutes d'expliquer certains types de cas, qui parfois se superposent. Les critiques que nous avons énumérées n'infirment pas entièrement les théories qu'elles visent, mais elles nous empêchent d'en considérer une comme *la* bonne explication de la coopération. Le signal coûteux et l'altruisme réciproque sont, par exemple, des mécanismes qui éclairent bien l'analyse de certains cas, mais de certains cas seulement. Cela ne donne pas de raison de douter de l'existence de ces mécanismes, mais de l'idée qu'ils suffiraient à expliquer toute coopération. C'est pourquoi les théories de certains auteurs expliquent la coopération par une *superposition* de plusieurs mécanismes, comprenant normes, conformisme, structure de la population, sélection de groupe, ainsi que des facteurs historiques contingents comme les modifications climatiques ayant jalonné l'histoire de l'espèce humaine[1]. L'explication évolutionniste de la coopération pourrait être un patchwork extrêmement complexe.

L'explication de l'apparition et de la stabilisation du comportement coopératif au sein de l'espèce humaine est vraisemblablement le résultat de l'interaction de plusieurs mécanismes ainsi que de facteurs contingents. Aucune des théories ne semble radicalement fausse, mais leur rôle respectif au sein du tableau général reste difficile à évaluer[2]. Le problème des explications évolutionnistes actuelles n'est donc plus tant de trouver une théorie manquante que de doser correctement, et d'ordonner, l'influence respective des unes et des autres, ainsi que l'influence éventuelle d'événements contingents.

1. *Cf.* R. Boyd, P. Richerson, *Not by Genes Alone - How Culture Transformed Human Evolution*, Chicago, The University of Chicago Press, 2005, notamment la troisième partie de l'ouvrage qui rassemble l'essentiel de leurs travaux sur la coopération humaine.

2. Notons néanmoins des efforts récents de classification et de clarification, par exemple : S.A. West, A.S. Griffin, A. Gardner, « Social semantics. Altruism, coopération, mutualism, strong reciprocity and group selection », *Journal of Evolutionary Biology*, 20(2), 2007, p. 415-432.

Explications prochaines

Deux hypothèses

Dans une situation coopérative, les agents ont le choix entre plusieurs actions. Pourquoi un individu choisit-il de coopérer? Plus précisément, quels états mentaux, quels mécanismes psychologiques, quelles raisons peuvent le pousser à adopter un comportement coopératif dans une situation donnée? La recherche des causes prochaines de la coopération se fonde sur deux hypothèses :

- Le comportement coopératif est *rationnel* : face à une situation coopérative, la stratégie de coopération est considérée comme la plus avantageuse d'après un calcul d'utilité espérée. Les individus coopèrent parce qu'ils estiment, à tort ou à raison, qu'ils peuvent ainsi obtenir davantage que s'ils ne coopéraient pas. Expliquer la coopération revient dans selon cette hypothèse à trouver un calcul en vertu duquel il est rationnel de coopérer.
- Le comportement coopératif est *automatique* : il est essentiellement la conséquence d'instincts, de désirs et d'émotions que les agents ressentent. Certaines situations déclencheraient l'apparition d'états mentaux de ce genre qui poussent les agents à coopérer. Par exemple, lorsque je suis observé par un grand nombre de personnes, je coopérerais pour éviter un sentiment de honte. De la même façon, observer un individu ne pas coopérer avec quelqu'un pourrait me mettre en colère et me faire refuser de coopérer avec lui si j'en ai l'occasion. De tels mécanismes pourraient être innés, comme les émotions, mais également acquis, comme lorsqu'on choisit de coopérer pour des raisons morales (parce que coopérer est perçu comme la « bonne » chose à faire).

On aurait donc deux types de mécanismes qui influencent le comportement coopératif : d'une part la délibération rationnelle consciente fondée sur des considérations de coûts/bénéfices, et, d'autre part, des mécanismes cognitifs acquis ou innés qui nous pousseraient vers une action donnée. D'après la discussion des explications ultimes, il semble que l'hypothèse d'une coopération automatique soit la plus convaincante. Nous avons déjà noté à propos des dilemmes coopératifs que le choix de coopérer semble fortement irrationnel et qu'il peut être contraire à l'intérêt individuel. Le recours à des mécanismes cognitifs automatiques serait la seule solution pour expliquer pourquoi les humains coopèrent malgré tout fréquemment dans de telles situations. L'explication finale mêlerait une explication ultime (évolutionniste) qui établirait pourquoi coopérer a été avantageux pour l'espèce. Les émotions, ou la tendance à respecter les normes morales en vigueur dans la société, seraient alors les parties de notre appareillage cognitif qui ont été « sélectionnées » parce qu'elles nous rendaient capables de coopérer.

Pourtant les deux hypothèses selon lesquelles la coopération est automatique et rationnelle ne sont en réalité pas exclusives l'une de l'autre et sont même probablement toutes deux correctes. Si les émotions ou les normes morales semblent jouer un rôle important dans le comportement coopératif, cela ne signifie pas que les bénéfices et coûts des individus n'ont pas d'influence. Que je coopère dans une situation donnée par peur d'avoir honte ne garantit pas que j'aurais agi de même dans une autre situation où, par exemple, les coûts attendus si la participation d'autrui vient à manquer sont beaucoup plus élevés. Autrement dit, le comportement coopératif dépend des émotions mais également des gains respectifs selon que la coopération réussit ou échoue. Le problème est plutôt de déterminer le poids respectif de chacun des facteurs.

Devant l'impossibilité de négliger le rôle des gains offerts par une situation coopérative, on a été conduit à traiter ce problème dans le cadre formel de la théorie des jeux. L'attention générale s'est donc portée sur la recherche d'une théorie de la coopération rationnelle. On a considéré que les émotions, les instincts, les normes ont une influence sur les paramètres de départ d'une situation, éventuellement sur la façon dont un individu estime les éventuels coûts et bénéfices, mais que la décision finale reste rationnellement justifiable. Ainsi la colère me donnerait une certaine vision subjective d'une situation, me faisant par exemple négliger le coût de la punition infligée à autrui; mais cette vision subjective étant donnée, ma décision de coopérer ou non pourrait être obtenue rationnellement. Mécanismes automatiques et délibération rationnelle sont plus complémentaires qu'opposés. C'est pourquoi les explications rationnelles sont indispensables, à tel point qu'aucune explication prochaine de la coopération n'a jamais pu s'en passer.

Les jeux

Nous allons maintenant passer en revue divers types d'explications rationnelles qui ont vu le jour en théorie des jeux. Un « jeu » n'est que la représentation simplifiée d'une situation d'interaction. En principe, dès qu'une situation implique plusieurs individus de telle sorte que le résultat de l'action de tout individu dépend aussi des actions choisies par les autres, elle devrait pouvoir être représentée par un jeu. Formellement, un jeu classique se résume à quelques ingrédients élémentaires : un ensemble d'*individus*, chacun disposant d'un ensemble d'*actions* disponibles et étant doté de *préférences* sur les conséquences possibles de chaque combinaison d'actions. Mais sur la base de ces éléments simples, de nombreuses variations sont possibles : on peut autoriser des actions simultanées ou successives, empêcher les agents de connaître l'intégralité des coups ayant précédé le leur, autoriser les agents à avoir plusieurs préférences, ou types, possibles, etc.

Un des exemples de jeu pris en ce sens, parmi les plus simples et les plus connus, concerne justement la coopération; c'est le dilemme du prisonnier. Deux individus (A et B), suspectés par la police d'avoir commis un larcin, sont arrêtés et interrogés séparément. Chacun d'entre eux a le choix de se taire ou d'accuser son compagnon (on suppose qu'il ne peut s'avouer coupable lui-même). Si les deux suspects se taisent, ils seront condamnés à deux mois de prison (la police possède déjà quelques indices). S'ils se dénoncent mutuellement, ils écoperont cette fois de trois ans de prison (les policiers estimant qu'ils sont coupables et complices). Enfin, si l'un des suspects dénonce l'autre et si celui-ci se tait, le premier sera immédiatement relâché et le second condamné à quatre ans de prison (les policiers pensant alors qu'il est l'unique coupable). On peut représenter cette situation formellement par le jeu suivant :

B A	Se taire	Dénoncer
Se taire	-1 -1	0 -4
Dénoncer	-4 0	**-2** **-2**

La lecture de ce jeu est simple. A choisit l'une des actions dans la colonne de gauche, B dans la ligne du haut. Dans chacune des autres cases, les nombres représentent les gains obtenus par A (en bas à gauche) et par B (en haut à droite) lorsqu'ils choisissent les actions correspondantes. Les gains sont notés négativement puisque ce sont des années de prison.

Les désirs des agents peuvent être décrits en termes de préférences, de gains ou (de fonctions) d'utilité. Nous emploierons parfois ces termes de façon interchangeable, parfois au contraire nous marquerons la différence. Il convient donc de préciser ce qui les différencie.

- Les *préférences* d'un individu représentent une relation entre les différents états possibles du monde, ici entre les différentes conséquences possibles de leurs combinaisons d'actions. Un individu peut préférer la coopération de tous à la défection de tous ; sa propre défection si autrui coopère à sa coopération si autrui coopère ; etc. En général, une préférence est exprimée par un classement des différentes options possibles. Elle n'implique pas que ces options reçoivent une valeur numérique
- Une *fonction d'utilité* est une attribution de valeurs numériques aux différents états possibles du monde. Elle est donc plus précise, puisqu'on peut désormais mesurer l'écart de valeur entre les états, alors que la donnée des préférences permet seulement de savoir que l'un est préféré à l'autre.
- Un ensemble de *gains* associés aux états possibles du monde est une fonction d'utilité particulière exprimant un bénéfice

concret objectif (par exemple, des années de prison). Cependant il se peut que les gains ne correspondent pas aux fonctions d'utilité des individus dans une situation donnée – il se peut que leurs choix dépendent d'autres paramètres que les gains objectifs. Les nombres figurant dans un jeu peuvent parfois représenter les gains objectifs des agents, mais parfois aussi leurs utilités subjectives (ce qui alors est précisé lors de sa description).

Reprenons la présentation du jeu. Dans tout jeu, la question fondamentale est : quel est le meilleur choix d'action pour les individus ? On y répond en général à l'aide de notions d'équilibre, comme par exemple l'équilibre de Nash. Une combinaison d'action est un équilibre de Nash si elle est *individuellement stable* : sachant que les autres font leur part de cette combinaison, un individu a intérêt à accomplir sa part – car son gain diminuerait s'il changeait unilatéralement d'action. Par exemple, dans le dilemme du prisonnier, il n'existe qu'un équilibre de Nash, dans lequel chacun dénonce l'autre (en gras dans le jeu précédent). En effet, sachant que B le dénonce, A aura intérêt à le dénoncer également (il obtiendra deux ans de prison au lieu de quatre s'il se tait). Le besoin d'un concept d'équilibre est évident : dans une situation d'interaction, le choix d'action de A dépend de celui qu'il croit que B fera, qui dépend à son tour de son estimation du comportement de A… si bien que les choix des agents doivent au minimum être fondés mutuellement, c'est-à-dire former un ensemble stable.

Dans le dilemme du prisonnier il est avantageux pour un individu de dénoncer l'autre même quand celui-ci se tait (le premier se retrouve libre au lieu de passer un an en prison). La dénonciation est fortement attractive. On dit que dénoncer est une *stratégie dominante* : quelles que soient les actions d'autrui, dénoncer est toujours plus avantageux individuellement.

Les principaux concepts d'équilibre de la théorie classique du choix reposent sur la rationalité individuelle des agents et celle-ci aboutit fréquemment à des résultats qui ont, certes, de nombreuses qualités, mais auxquelles il manque celles que l'on attend de la coopération. Dans le dilemme du prisonnier, coopérer consiste à se taire. En choisissant l'action individuellement rationnelle (la dénonciation), les individus sont condamnés à deux ans de prison, ce qui n'est pas optimal du point de vue collectif puisqu'ils auraient tous les deux gagné strictement plus s'ils avaient choisi de se taire. C'est pourquoi il s'agit d'un dilemme : la rationalité individuelle appliquée par tous peut mener à des conséquences collectivement non optimales. Un des avantages de la théorie des jeux classiques est de montrer avec clarté en quoi la présence d'un résultat coopératif conduit en général à un paradoxe : alors que chacun connaît l'action préférable au groupe, la recherche des intérêts individuels mène souvent à un autre résultat. Les notions fondées sur les jeux classiques donnent principalement de très bonnes raisons de ne pas coopérer dans des dilemmes coopératifs, et fournissent donc surtout des causes prochaines potentielles pour le comportement non coopératif. Nous devons donc modifier ce cadre pour expliquer la coopération.

L'une des modifications possibles consiste à considérer des situations de jeux répétés, c'est-à-dire dans lesquelles les individus jouent plusieurs fois de suite au même jeu. Cela permet de rendre compte de phénomènes plus complexes, en faisant intervenir, par exemple, la réputation ou les menaces. À une étape donnée du jeu, les individus ne jouent pas seulement pour maximiser leurs gains présents mais également ceux des étapes suivantes, d'où le besoin de concilier les gains à court terme et à plus long terme. Si je fais défection maintenant, autrui pourrait ensuite refuser de coopérer avec moi, ce qui induira un gain futur plus faible. Le comportement qu'on adopte produit non seulement un gain (ou une perte) immédiat(e), mais aussi une information qu'autrui peut utiliser afin de s'adapter en conséquence. Les résultats de cette modification concernant la coopération sont toutefois mitigés. Si le jeu, par exemple un dilemme du prisonnier, est répété un nombre fini de fois, la théorie conclut que les agents feront défection à chaque tour. Lorsqu'on a un nombre infini de répétitions, des stratégies de coopération peuvent faire partie d'un équilibre. Mais l'équilibre coopératif suppose que les agents se sont entendus sur la stratégie à suivre (punir ceux qui font défection pendant assez longtemps pour que le gain à long terme de la défection soit négatif). Le comportement coopératif peut ainsi être obtenu sur la base d'une rationalité purement individuelle, le mécanisme de punition du déviant ayant pour effet de faire adhérer les joueurs à la stratégie coopérative. Mais on voit bien que la coopération dans le jeu est assurée par un accord qui nécessite une coopération préalable. De plus, la théorie des jeux reste muette sur les raisons qu'aurait un joueur de choisir le résultat coopératif de manière soutenue. Il ne s'agit que d'un équilibre parmi d'autres, ce qui le rend moins exceptionnel que dans la théorie classique, mais en contrepartie ne permet plus de le distinguer. L'avantage des jeux classiques était que le résultat coopératif pouvait sembler particulier. Cependant, si l'on réussit à montrer qu'une certaine stratégie que l'on pense représentative de la coopération est un équilibre de jeux répétés, on n'aura obtenu qu'une condition nécessaire à la viabilité de la stratégie, mais relativement limitée en raison de la faiblesse des restrictions que cet équilibre implique.

C'est toutefois le cadre des jeux répétés qui a vu, le premier, naître une contribution réellement positive aux explications de la coopération, avec l'entreprise d'Axelrod[1]. Axelrod a organisé un tournoi opposant différents automates dans des dilemmes du prisonnier répétés et a constaté que la stratégie de l'automate Tit-for-tat, fondé sur la réciprocité[2] surclassait globalement celle de tous les autres automates en compétition. Ce résultat, justifiant la coopération à partir d'une stratégie simplissime, a tissé un premier lien entre l'attitude coopérative et l'efficacité, qui semblaient jusqu'alors opposées.

Il reste que les jeux répétés ne suffisent pas à expliquer tous les résultats expérimentaux disponibles. Soutenir que les jeux répétés constituent un bon mécanisme explicatif nécessite de montrer que les êtres humains ne coopèrent que dans des situations de jeux répétés, ou qu'ils croient toujours, même à tort, qu'ils se trouvent dans de telles situations (et choisissent leur stratégie en

1. *Cf.* le travail fondateur de R. Axelrod, *The Evolution of Cooperation*, New York, Basic Books, 1984.

2. Sa stratégie consistait à coopérer au premier tour, avant de copier à chaque tour l'action de son adversaire au tour précédent, autrement dit en coopérant si l'adversaire avait coopéré et faisant défection sinon.

conséquence). La première hypothèse est invalidée par divers résultats empiriques connus depuis longtemps[1], selon lesquels *il se trouve toujours une proportion non négligeable d'êtres humains pour coopérer dans un dilemme du prisonnier ponctuel, dans des conditions d'anonymat et d'absence de communication*. La seconde hypothèse est plus subtile; elle est cependant également mise en défaut par l'expérience : Ernst Fehr et Joseph Henrich[2] citent trois articles récents comparant les taux de coopération dans un jeu unique et dans sa version répétée; ils constatent que la répétition augmente significativement ce taux (les expériences concernaient les jeux de dilemme du prisonnier séquentiel et de bien public). Il s'avère même que certaines conditions supplémentaires, comme la possibilité de punir autrui après coup, ne stimulent la coopération que dans la version répétée. Ces résultats indiquent que les individus perçoivent clairement la présence et l'absence de la répétition, puisqu'ils se comportent de façon différente selon les cas. On a établi également que les individus différencient parfaitement les rencontres uniques et les rencontres répétées, puisqu'il leur arrive, après une rencontre unique, de se plaindre de ne pas avoir pu établir des liens de confiance avec leurs partenaires.

Pour toutes ces raisons, la seule référence aux jeux répétés est insuffisante. Elle permet au mieux d'expliquer pourquoi le taux de coopération dans un jeu est plus grand quand il est répété que quand il ne l'est pas. Mais la complexité stratégique introduite par la répétition d'une situation potentiellement coopérative ne suffit pas à expliquer les comportements coopératifs empiriques. En principe, les jeux répétés ne sont donc pas un cadre à aborder en priorité pour l'étude de la coopération : ils contiennent des éléments qui favorisent la coopération mais ne permettent pas d'en comprendre l'origine.

1. A. Rapoport, A. M. Chammah, *Prisoner's Dilemma. A study in conflict and cooperation*, Ann Arbor, University of Michigan Press, 1965; ou plus récemment E. Fehr, S. Gächter, « Reciprocity and economics. The economic implication of homo reciprocans », *European Economic Review*, 42, 1998, p. 845-859; C. Camerer, *Behavioral Game Theory*, Princeton, Princeton University Press, 2003.

2. E. Fehr, J. Henrich, « Is strong reciprocity a maladaptation? on the evolutionary foundations of human altruism », *in* P. Hammerstein (ed.), *Genetic and Cultural Evolution of Cooperation*, Cambridge, MA, MIT Press, 2003, p. 55-82.

Types de solutions

Il existe plusieurs types de méthodes permettant à la théorie des jeux de prendre en compte des comportements coopératifs dans des situations ponctuelles avec des individus isolés. On peut distinguer deux types d'explications prochaines de la coopération, qui peuvent être qualifiées de *solutions* en ce qu'elles visent à résoudre le mystère sur lequel nous butons, à savoir le degré très élevé de la coopération humaine.

– *Les solutions internes* : Elles laissent la structure du jeu inchangée tout en modifiant son *interprétation* (la façon dont les agents y participent) et/ou la rationalité des agents impliqués. Selon l'interprétation classique, les paramètres numériques du jeu représentent les gains matériels d'agents humains dont la rationalité est proche de la nôtre et qui ne jouent qu'une fois. Comme on l'a vu, il est possible d'étudier les stratégies d'équilibre lorsqu'ils jouent plusieurs fois de suite à ce même jeu (jeux répétés). On peut aussi se livrer à des interprétations plus exotiques, par exemple en se plaçant dans le cadre évolutionniste : on a cette fois une population d'individus sans capacités rationnelles, où le jeu représente l'ensemble des interactions que les individus ont au cours de leur existence et où les gains représentent désormais leur nombre d'enfants, ce qui permet d'étudier l'évolution parallèle de diverses populations. Ces variations permettent, par l'entremise de nouvelles notions d'équilibre ou de paramètres inédits, de donner une explication de la coopération fidèle à l'esprit de la théorie des jeux. C'est *l'interprétation* du jeu qui donne théoriquement les contraintes cognitives du comportement coopératif : par exemple, pour que les jeux répétés soient une explication suffisante du comportement coopératif, il aurait suffi que les êtres humains possèdent un biais cognitif leur faisant faussement percevoir une situation ponctuelle comme répétée.
– *Les solutions externes* : Elles modifient au contraire directement la structure du jeu, c'est-à-dire en général les fonctions d'utilité des individus. Dans une situation modélisée

par un jeu, les agents agissent en réalité sur la base d'une utilité subjective particulière. Autrement dit, les préférences des agents ne sont pas reflétées par leurs seuls gains matériels mais sont influencées par d'autres facteurs. De telles modifications permettent de représenter d'éventuels biais psychologiques. Par exemple, il sera possible de modéliser des individus altruistes en stipulant que leur utilité correspond en fait au gain matériel *d'autrui* ; ou bien des individus qui sont sensibles à l'égalité avec une utilité qui augmente lorsque décroît la différence entre les gains de différents individus; ou encore des individus compétiteurs; etc. On peut ainsi virtuellement rendre les agents capables de raisonner sur la base de tout paramètre du jeu qu'on estime pertinent.

C'est avec les solutions externes que la distinction, proposée plus haut, entre la part rationnelle *et* la part automatique (innée ou acquise) de la coopération apparaît le plus directement. Quand des individus sont placés dans une situation, leurs gains matériels étant donnés, leur comportement coopératif s'explique d'abord par une transformation de ces gains initiaux. Cette transformation reflète leur manière intuitive de percevoir la situation à travers le filtre de certaines capacités cognitives. Les agents sélectionneraient rationnellement une action dans le jeu résultant de cette transformation. Il est facile d'imaginer comment la coopération peut ainsi être expliquée : un jeu peut être un dilemme coopératif du point de vue des gains matériels objectifs, mais pas du point de vue des utilités subjectives. L'action coopérative pourrait donc ne pas être problématique du point de vue des individus. On peut ainsi lire dans un ouvrage récent :

> Un nombre substantiel de résultats expérimentaux confirment désormais que le comportement humain dévie sensiblement des prédictions faites par les modèles standards de rationalité individualiste. Pourtant, cela prouve seulement que les gens n'ont pas de préférences standard, que leurs utilités n'émergent pas d'une manière simple de leurs gains explicites [1].

1. R. McElreath, T.H. Clutton-Brock, E. Fehr, D.M.T. Fessler, E.H. Hagen, P. Hammerstein, M. Kosfeld, M. Milinski, J.B. Silk, J. Tooby, M.I. Wilson, « Group report.

Si, comme il est dit ici, les préférences subjectives des agents ne reflètent pas fidèlement leurs gains objectifs, une explication correcte de la coopération suppose des données supplémentaires et devrait donc passer par une solution externe. L'engouement récent pour les solutions de ce genre s'explique par l'insuffisance des solutions internes proposées, mais a eu pour conséquence un certain désintérêt pour l'analyse de la rationalité coopérative. Il s'ensuit que la théorie de la coopération manque encore de travaux qui se concentrent sur la rationalité coopérative proprement dite et de représentations des mécanismes rationnels capables d'expliquer la coopération pour des situations ponctuelles dans des conditions d'anonymat et d'absence de contact[1]. Nous aborderons ces explications dans le prochain chapitre.

Explications et définitions

Quelles explications ?

Les théories s'intéressant respectivement aux définitions, aux explications ultimes et aux explications prochaines de la coopération se sont en grande partie développées indépendamment. Elles appartiennent à des littératures assez différentes (philosophie analytique, économie formelle, éthologie, sociobiologie, anthropologie…) et restent le plus souvent cloisonnées. Cette situation est-elle seulement contingente ?

Le dialogue semble possible – voire potentiellement fructueux – entre les définitions et les explications prochaines. Les définitions font intervenir des intentions d'agir et des raisons de former ces

The role of cognition and emotion in cooperation », *in* P. Hammerstein (ed.), *Genetic and Cultural Evolution of Cooperation*, Cambridge, MA, MIT Press, 2003, p. 445-468.

1. L'œuvre de Binmore constitue la plus importante des explications reposant sur des mécanismes rationnels et évolutionnaires ; *cf.* K. Binmore, *Game Theory and the Social Contract, Vol. 1 : Playing Fair*, Cambridge, MA, MIT Press, 1994 ; K. Binmore, *Game Theory and the Social Contract, Vol. 2 : Just Playing*, Cambridge, MA, MIT Press, 1998 ; K. Binmore, *Natural Justice*, Oxford, Oxford University Press, 2005. Par ailleurs, K. Binmore, A. Shaked, « Experimental economics. Where next ? », *Journal of Economic Behavior & Organization*, 73, 2010, p. 87-100, critiquent certains travaux considérés comme établissant l'existence de préférences sociales.

intentions : elles offrent un instantané de la situation pendant ou juste avant l'action coopérative, selon qu'elles définissent la coopération ou ses prémisses. Les explications prochaines de leur côté fournissent les causes du comportement coopératif et décrivent donc la situation avant l'action, mais elles doivent aussi permettre de prévoir les choix des agents concernés (en l'occurrence le choix de coopérer). Explication prochaine et définition entretiennent une relation de cause immédiate à effet : la connaissance des causes prochaines peut permettre de déterminer les caractéristiques de l'effet, mais la seule connaissance de l'effet peut être compatible avec de nombreuses causes.

Un lien est également envisageable entre explications ultimes et prochaines. Les premières précèdent aussi temporellement les secondes mais n'ont pas de relation directe de cause à effet. L'évolution (génétique ou culturelle) entraîne des modifications sélectionnées pour leur effet (améliorer le comportement coopératif). Mais plusieurs mécanismes auraient pu avoir cet effet : l'histoire évolutive d'un organisme dépend du hasard des mutations qui sont apparues avant d'être sélectionnées. La nécessité de vivre sous l'eau peut mener à l'apparition de branchies comme à une modification du système respiratoire autorisant des apnées plus longues. Une culture peut interdire l'inceste par des normes morales implicites ou un système explicite de punitions. Autrement dit, l'évolution répond aux nécessités par l'apparition d'un comportement ; mais les règles d'évolution et la connaissance du comportement résultant *sous-déterminent* le mécanisme par lequel ce comportement apparaît (c'est-à-dire que plusieurs mécanismes différents pourraient tout aussi bien produire le même comportement). En particulier, l'effet d'une mutation se manifeste au sein d'un organisme déterminé et peut donc prendre avantage de capacités préexistantes ; c'est ce que prennent en compte les théories de l'intelligence machiavellienne et de la coopération par sous-produit. Enfin, les raisons pour lesquelles un trait s'est stabilisé au sein d'une population peuvent être entièrement contingentes, résultant par exemple de causes géographiques provenant des caractéristiques de l'environnement physique (climat, ressources disponibles, etc.). Le développement spécifique d'un comportement coopératif humain peut dépendre de paramètres extérieurs aux problèmes coopératifs. En conséquence, on peut attendre des théories des causes prochaines et des causes ultimes d'être compatibles entre elles, mais difficilement davantage.

L'écart entre explications ultimes et prochaines se ressent également au niveau des modèles de théorie des jeux. Dans les deux cas, les modèles utilisés représentent le problème de la coopération par le seul dilemme du prisonnier, c'est-à-dire celui des jeux existants dans lequel la justification rationnelle de la non-coopération est la plus forte (puisque la stratégie coopérative est entièrement dominée par la stratégie de défection). Dans le cas d'une explication prochaine, il ne s'agit pas nécessairement d'une limitation : si l'on réussit à trouver des mécanismes qui suffisent à expliquer le comportement coopératif lorsque toutes les raisons apparentes lui sont contraires, on pourra en principe l'expliquer dans des cas moins problématiques. Une cause prochaine efficace ici le sera probablement tout autant ailleurs. En revanche, la restriction à un jeu unique dans une explication évolutionniste peut être limitative. En effet, un tel modèle serait incapable de traiter des hypothèses d'acquisition progressive de la coopération : les êtres humains auraient pu voir leur capacité à coopérer se développer peu à peu, réussissant d'abord à coopérer dans des situations peu problématiques et devenant *au terme de ce développement* capable de coopérer dans le dilemme du prisonnier. Des travaux récents en anthropologie[1] suggèrent par exemple que les situations coopératives le plus souvent rencontrées par certaines sociétés humaines ne seraient pas des dilemmes du prisonnier mais des chasses au cerf – une forme de dilemme social moins aiguë que le dilemme du prisonnier, dans laquelle la défection *et* la coopération sont des équilibres de Nash. Dans cette situation, l'action coopérative n'est plus aussi fortement dominée par la défection : si je sais que l'autre coopère, il est préférable pour moi de coopérer également.

1. M. Alvard, « Mutualistic hunting », *in* C. Stanford, H. Bunn (eds), *The Early Human Diet. The Role of Meat*, Oxford, Oxford University Press, 2001, p. 261-278.

La présupposition que la capacité coopérative serait apparue dans le seul cadre du dilemme du prisonnier la rend paradoxalement plus difficile à expliquer. Une théorie évolutionniste doit idéalement chercher à expliquer pourquoi les êtres humains sont devenus capables de coopérer en général, et donc déterminer une histoire évolutive plausible, fixant notamment les conditions et les capacités humaines qui ont permis au comportement coopératif de se développer. Un des objectifs d'une théorie évolutionniste est donc de déterminer comment les humains sont devenus *capables* de coopérer dans un dilemme du prisonnier; cela n'implique pas qu'ils aient développé cette capacité en étant confrontés pendant des générations à *ce* dilemme particulier. Le pouvoir explicatif d'un modèle fondé sur un seul type de jeu est donc discutable s'il n'est pas accompagné de considérations anthropologiques ou éthologiques défendant sa pertinence par rapport à l'histoire des espèces vivantes; et un modèle prenant en compte plusieurs types de jeux sera évidemment préférable.

En résumé, les diverses théories sont séparées en pratique mais n'ont pas nécessairement à l'être, même si elles ne se contraignent mutuellement que peu. Puisque les explications évolutionnistes candidates sont pléthore, qu'il s'agit désormais surtout d'en régler les influences respectives et qu'elles ne contraignent directement ni les explications prochaines de la coopération ni ses définitions, elles ne seront plus discutées dans le reste de ce livre. C'est au contraire la recherche de causes prochaines et de leur intégration à la définition de la coopération qui nous occupera. Un problème de taille subsiste : par où commencer la recherche d'une théorie de la coopération rationnelle? Le chapitre suivant s'attachera à explorer et sélectionner les pistes prometteuses issues d'études expérimentales des aspects psychologiques du comportement coopératif. Mais auparavant, nous allons mettre en évidence une raison supplémentaire de rassembler définitions et explications prochaines en une seule théorie.

Définition et équilibres

L'analyse des définitions de la coopération a révélé que les raisons d'agir des individus y jouent un rôle particulier, d'où un lien entre explications et définitions. Maintenant que les bases de la théorie des jeux ont été introduites, ce lien va se révéler beaucoup plus solide. Les explications en théorie des jeux sont fondées sur des équilibres, c'est-à-dire des ensembles de stratégies qui sont mutuellement stables. Cette stabilité est obtenue à partir de calculs de maximisation de l'utilité des individus, ces calculs dépendant eux-mêmes des paramètres fondamentaux de la situation. Ainsi, il est en général possible de justifier rationnellement un choix d'action dans une situation donnée en la modélisant par un jeu adéquat et en montrant qu'il existe un équilibre dont l'action fait partie. Une telle explication a l'avantage d'être conceptuellement claire : le mode de calcul de l'utilité espérée correspond à l'aspect rationnel du comportement, tandis que les éléments *a priori* sur lequel il se fonde figurent explicitement dans les paramètres donnés avec la structure même du jeu. Au sein d'un équilibre donné, les choix et les diverses raisons d'agir des individus peuvent donc être clairement identifiés.

Ce type d'analyse constitue le point de vue orthodoxe, c'est-à-dire la manière de procéder ordinaire chez les théoriciens des jeux. Cependant, peu de travaux ont noté la grande similitude qui existe entre les notions d'équilibres en théorie des jeux et les définitions de la coopération. Cette ressemblance repose sur des recherches menées au cours de la décennie 1985-1995 et montrant qu'il était possible de trouver des ensembles de conditions épistémiques (portant sur le savoir et la croyance) des agents qui, lorsqu'elles sont réalisées, *garantissent* qu'ils agiraient selon un équilibre classique de théorie des jeux[1]. Ces résultats ne doivent pas être confondus avec leur réciproque : il ne saurait être question de prétendre que tout groupe d'individus agissant selon un équilibre

1. On peut trouver un résumé clair de ces travaux assez techniques dans B. Walliser, « Les justifications des notions d'équilibre de jeux », *Revue d'économie politique*, 112(5), 2002, p. 695-716 ; et un état des lieux précis dans de B. Bruin, *Explaining Games. The Epistemic Programme in Game Theory*, Dordrecht, Springer, 2010.

de Nash est nécessairement dans un et un seul état épistémique donné. Un individu peut choisir une action faisant partie d'un équilibre pour de multiples raisons, inconsciemment ou au hasard. En revanche, certaines connaissances et croyances particulières peuvent impliquer un comportement conforme à un concept d'équilibre.

Par exemple, un résultat technique établit que lorsque la structure du jeu et la rationalité des agents sont de connaissance partagée (connues de chacun) et que leur choix d'action est de connaissance commune, l'ensemble de leurs actions constitue un équilibre de Nash [1]. Autrement dit, ces conditions impliquent que : chaque agent a l'intention d'accomplir sa part de l'équilibre (choix de l'action), croit que les autres vont accomplir la leur (connaissance commune des choix), accomplit sa part en raison de cette croyance (rationalité), sait que les autres font de même (connaissance de la rationalité d'autrui).

Qu'en est-il du rapport entre une définition de l'intention collective et l'ensemble de conditions épistémiques d'un équilibre donné? Si la première implique la seconde, avoir une intention collective implique que l'on agit selon l'équilibre. Si la seconde implique la première, alors un l'état garantissant l'équilibre implique la présence d'une intention collective. Enfin, il est possible que les deux ensembles de conditions n'aient aucun lien logique. Trois cas de figure sont donc possibles en principe, mais dans les faits, le premier cas est le plus plausible.

Considérons un exemple de définition élémentaire d'une intention collective : Nous avons une intention collective si j'ai l'intention de faire ma part, si tu as l'intention de faire la tienne et s'il est de croyance commune entre nous que nous avons ces intentions. On peut reconnaître dans ces conditions une partie de celles qui mènent à un équilibre de Nash, ce qui a plusieurs conséquences. Tout équilibre de Nash peut être l'objet d'une intention collective. Les conditions d'une intention collective ne permettent pas d'éliminer un équilibre de Nash des actions potentielles. Choisissons à présent

1. R.J. Aumann, A. Brandenburger, « Epistemic conditions for Nash equilibrium », *Econometrica*, 63, 1995, p. 1161-1180.

une autre définition de la coopération : je coopère si j'ai l'intention que nous accomplissions X ensemble, si j'accomplis ma part de X en raison de cette intention, si je crois que tu feras ta part de X et si ces conditions sont de connaissance commune entre nous. La structure est cette fois extrêmement proche de celle des conditions épistémiques de l'équilibre de Nash. En fait, tout groupe d'individus agissant ensemble au sens de cette définition *doit* agir selon un équilibre de Nash. Il faut de plus s'attendre à ce que cette propriété soit générale : puisque la majorité des définitions alternatives sont des versions sophistiquées de la définition précédente, qui elle-même implique l'action selon un équilibre de Nash, alors elles auront cette même conséquence.

Une étroite parenté semble donc exister entre les définitions de la coopération et les caractérisations des équilibres en théorie des jeux : les choix d'action correspondent aux intentions, les calculs renvoient aux raisons d'agir et une partie de ces conditions doit être de connaissance commune. Autrement dit, il existe un certain degré de *traductibilité* entre définitions de la coopération et équilibres. Certaines définitions impliquent qu'on ne peut coopérer (au sens philosophique) que si l'on agit selon un certain équilibre ; d'autres, plus faibles, que la coopération est compatible avec un certain équilibre.

Cette proximité, liée aux raisons précédentes, milite en faveur de la pertinence de la théorie des jeux pour intégrer des considérations rationnelles dans les définitions, et donc pour progresser vers le tableau unifié de la coopération que nous avons appelé de nos vœux. En particulier, la théorie des jeux faciliterait la prise en compte d'aspects stratégiques dans les définitions de la coopération : les résultats de calculs d'utilité espérée constituent des raisons d'agir de telle ou telle façon, et l'on a vu que les raisons du choix d'une action peuvent influer crucialement sur sa nature coopérative.

Notons cependant que la ressemblance entre définitions et équilibres ne vaut que *selon une certaine interprétation*. Dans la plupart des définitions, l'intention d'un agent cause ou justifie partiellement l'intention de l'autre, mais selon un processus non spécifié. En théorie des jeux, on peut décrire ce processus comme suit : mes préférences sont telles qu'étant donné l'intention d'agir d'autrui, il est préférable que j'agisse de telle façon (et autrui fait le même raisonnement). On pourrait toutefois imaginer un autre mécanisme cognitif remplissant la même tâche sans être fondé sur une rationalité maximisatrice, par exemple un mécanisme d'imitation tel que la prévision d'une action d'autrui me pousse à agir de la même façon (indépendamment de mon intérêt). Les relations de cause à effet entre raisons d'agir et intentions sont trop vagues dans les définitions pour que l'on puisse les faire correspondre exactement à un type d'explication donné. Cependant, les remarques précédentes montrent qu'ils sont fortement compatibles avec une explication rationnelle et suffisent à motiver le choix de la théorie des jeux comme le terrain le plus prometteur.

Ces remarques suggèrent que les bonnes raisons d'agir qui caractérisent la coopération doivent être recherchées du côté des équilibres des théories des jeux et de la justification rationnelle qu'ils proposent. Une fois un tel équilibre obtenu, il pourra vraisemblablement être traduit dans un vocabulaire non formel et intégré dans une définition satisfaisante et réaliste de la coopération humaine.

CHAPITRE IV

PSYCHOLOGIE ET RATIONALITÉ

ISOLER UNE EXPLICATION

Le chapitre précédent a présenté les principaux types d'explication de la coopération, et montré pourquoi la recherche d'une explication n'est pas seulement intéressante en soi, mais pertinente pour la définition de la coopération. Savoir ce que nous devons considérer comme de la coopération authentique dépend en partie des raisons d'agir des agents, et celles-ci sont imbriquées les unes dans les autres selon une structure d'emboîtement semblable à un équilibre en théorie des jeux. On pourrait donc obtenir une bonne explication en dégageant une notion d'équilibre satisfaisante, qui permettrait de justifier rationnellement le comportement coopératif tout en décrivant fidèlement la façon dont les individus se comportent dans les situations réelles.

La recherche d'une explication du comportement coopératif a tout à gagner à se pencher sur les aspects rationnels de la coopération. Les théories décrivant des explications ultimes sont déjà nombreuses, et les théories privilégiant des explications prochaines donnent le rôle majeur aux émotions, aux instincts ou aux normes. La recherche d'une théorie rationnelle pourrait permettre de sélectionner la meilleure des explications ultimes et de relativiser les explications prochaines. L'échec même de cette recherche, enfonçant pour ainsi dire un clou supplémentaire dans le cercueil de la coopération rationnelle, serait riche d'enseignements. Mettre l'accent sur un aspect rationnel est conforme à l'intuition selon laquelle des agents ayant coopéré avec succès se trouvent du point de vue matériel mieux lotis que s'ils avaient agi autrement. Aussi, échouer à trouver un mécanisme rationnel expliquant le comportement coopératif (ou participant à son explication) montrerait que cette motivation rationnelle est trop faible pour constituer une raison d'agir véritable et que cette intuition est trompeuse.

Il s'agit donc de trouver une explication rationnelle acceptable et aussi plausible que possible de la coopération ; de trouver le type de mécanisme rationnel participant à l'explication du comportement coopératif dans les jeux évoqués, c'est-à-dire anonymes (et notamment sans communication ni observation directe de quiconque) et dans un cadre ponctuel ou fini. Notre démarche sera la suivante. Nous passerons d'abord en revue les situations coopératives qui nécessitent une explication. Puis nous explorerons les résultats d'expériences en psychologie sociale pour déterminer quels facteurs influencent le comportement coopératif humain. Nous en sélectionnerons un (l'identification de groupe) et montrerons qu'il peut mener à une explication relativement unifiée de la coopération. Enfin, nous explorerons le comportement coopératif dans des situations dynamiques, où les individus jouent les uns après les autres et peuvent donc influencer par leurs actions passées le comportement d'autrui.

QUELQUES JEUX…

Ce qu'il faut expliquer

La théorie des jeux traditionnelle échoue à expliquer certains comportements coopératifs observés expérimentalement. Le besoin d'une théorie des causes prochaines procède de cet échec. Du point de vue de la théorie des jeux, le succès de la coopération reste relativement énigmatique dans trois grands cas de figure :

Les jeux ponctuels à actions simultanées[1] – Comme nous l'avons vu, de nombreuses expériences sur le dilemme du prisonnier

1. Nous traduirons par ponctuel l'expression usuelle « one-shot » : il s'agit d'un jeu auquel on ne joue qu'une seule fois (non répété).

ponctuel[1] montrent que les agents coopèrent dans une proportion considérable les uns avec les autres alors que le jeu est ponctuel. Il en va de même dans certaines expériences de dilemme du bien public ponctuel où les conditions d'anonymat sont extrêmes (même les expérimentateurs ne peuvent observer les actions particulières d'un agent donné), ce qui garantit que des facteurs tels que le signalement ou la réputation ne peuvent avoir aucune influence sur le comportement des agents.

Il faut donc expliquer comment des agents placés dans un dilemme coopératif peuvent choisir de façon consistante des actions coopératives qui semblent individuellement irrationnelles alors qu'ils interagissent une seule fois avec des inconnus et sans aucun contact[2]. La difficulté vient du fait que des facteurs que l'on considère habituellement comme cruciaux – tels que le langage, le contact ou la situation partagée, la réputation et la menace – doivent être vus comme favorisant la coopération sans la créer et ne sont donc plus fondamentaux mais secondaires.

Le cas du langage mérite que l'on s'y attarde un instant, car il est intimement lié à la coopération sous deux aspects. Tout d'abord, l'*apparition* d'un langage commun au sein d'une même culture ou civilisation constitue un type de coopération. En effet, depuis Lewis, le langage et les institutions sont couramment considérés comme des conventions, celles-ci étant ramenées à des solutions de problèmes de coordination. Rappelons que dans un problème de coordination existent plusieurs possibilités concurrentes (et parfois même équivalentes) de coopération. Le français, l'anglais et le japonais sont des langues radicalement différentes, mais qui remplissent pour leurs locuteurs un rôle analogue. Une autre histoire des civilisations aurait pu aboutir à ce que le français actuel soit très proche du japonais, sans que l'histoire de France en soit radicalement bouleversée[3]. Autrement dit, pour des individus

1. Depuis A. Rapoport, A.M. Chammah, *Prisoner's Dilemma. A study in conflict and cooperation*, Ann Arbor, University of Michigan Press, 1965.

2. *Cf.* par exemple E. Fehr, S. Gächter, « How effective are trust- and reciprocity-based incentives », *in* A. Benner, L. Putterman (eds), *Economics, Values and Organization*, Cambridge, Cambridge University Press, 1998, p. 337-363.

3. Du moins si l'on fait abstraction de l'hypothèse selon laquelle la pensée et le comportement des locuteurs d'une langue dépendent étroitement de sa structure.

ayant « besoin » d'un langage, n'importe lequel des langages existants aurait pu faire l'affaire : de ce point de vue, il y a la même différence entre le français et le japonais qu'entre la conduite à droite et la conduite à gauche. Que le choix d'un langage se ramène théoriquement à la résolution d'un problème de coordination ne signifie cependant pas que l'apparition du langage est le résultat d'un choix des individus. Mais parler le même langage est une forme de coopération – même si elle ne constitue pas un dilemme coopératif, puisque chercher à parler une autre langue que l'interlocuteur ne procure aucun gain supplémentaire.

D'autre part, l'utilisation d'un langage dans une conversation est une action coopérative. Pour qu'une conversation puisse avoir lieu, les individus doivent coordonner leurs écoutes et leurs prises de parole mutuelles, et ils doivent avoir une compréhension commune du sens des phrases qu'ils utilisent (ou du moins ne pas avoir d'incompréhension flagrante). La conversation de deux individus *implique* le succès d'une coopération réduite mais indéniable, indépendamment de la teneur de la conversation. Nous retrouverons un trait analogue lorsque nous évoquerons les promesses au sein d'un groupe : elles n'ont d'effet que lorsqu'elles sont faites par tous les membres et ce qui compte est apparemment le fait qu'un consensus (et donc une coopération minimale) ait été atteint, plus que le contenu même des promesses.

Le langage semble donc bien être un facteur secondaire et non essentiel de la coopération rationnelle : il peut la précéder, voire la favoriser dans certains cas précis, mais il ne saurait l'expliquer fondamentalement[1]. Puisque l'utilisation du langage même est une activité coopérative, y recourir pour expliquer la coopération rendrait en effet cette explication circulaire. Cet argumentaire, sans être une démonstration, justifie néanmoins une méfiance légitime à l'égard de l'utilisation du langage ou de produits de la société pour expliquer les fondements de la coopération. Ce qui semble

1. Le constat serait bien différent si l'on s'intéressait à l'évolution de la coopération. Il est fort possible que sans un outil de coopération minimale et automatique tel que le langage, des formes plus complexes de coopération n'auraient pu se stabiliser au sein de la race humaine, ne serait-ce que parce que le langage accroît considérablement la puissance et la portée des normes, de la morale, des punitions, etc.

fondamentalement problématique est la faculté de coopérer en toute incertitude, sans information sur autrui, en opposition apparente aux prévisions de la théorie des jeux et donc aux considérations coûts/bénéfices. C'est lorsque toutes les raisons apparentes de coopérer et tous les facteurs facilitant la coopération sont absents qu'il devient particulièrement intéressant de l'expliquer.

Les jeux finiment répétés – La théorie des jeux est capable d'expliquer par un mécanisme rationnel le choix d'actions globalement coopératives dans un jeu infiniment répété (ou dont les agents ne sont jamais certains qu'il ne continuera pas). Cependant, pour un dilemme du prisonnier finiment répété, la théorie prévoit que tous les agents feront défection du premier au dernier tour, ce qui est en contradiction avec les observations expérimentales[1]. De plus, cette ultime défection aurait pour conséquence théorique la défection dans l'intégralité des tours précédents. La théorie des jeux a cependant pu surmonter ce second problème en introduisant une modélisation du phénomène de réputation : même si la défection finale est certaine, coopérer en début de jeu peut être avantageux si cela permet à un agent de se construire une réputation de coopérant qui peut pousser autrui à coopérer à son tour – d'où un gain supérieur en cas de « trahison » ultérieure.

Les jeux extensifs – Les jeux extensifs sont des jeux comportant une dimension temporelle, dans lesquels les actions ne sont pas simultanées mais successives : les individus y agissent chacun leur tour. Dans plusieurs expériences[2], des individus jouent à des dilemmes du prisonnier sous forme extensive dans lesquels ils ont le choix entre des niveaux graduels de coopération ou de défection. D'après la théorie des jeux classiques, tous les individus devraient agir « égoïstement » et ne pas coopérer au dernier tour, puisque leur gain ne dépend alors plus des autres joueurs. Environ

1. A.M. Colman, « Cooperation, psychological game theory, and limitations of rationality in social interaction », *Behavioral and Brain Sciences*, 26, 2003, p. 148.

2. E. Fehr, S. Gächter, « How effective are trust- and reciprocity-based incentives », *in* A. Benner, L. Putterman (eds), *Economics, Values and Organization*, Cambridge, Cambridge University Press, 1998, p. 337-363 ; E. Fehr, U. Fischbacher, S. Gächter, « Strong reciprocity, human cooperation and the enforcement of social norms », *Human Nature*, 13(1), 2002, p. 1-25.

la moitié des agents agit effectivement de la sorte; mais une autre moitié des sujets répond à la première action avec un même degré de coopération ou de défection. Il s'agit d'un contre-exemple à la rationalité de théorie de jeux encore plus fort que dans le dilemme du prisonnier sous sa forme normale : car dans le cas extensif, les individus jouant en dernier sont face à un problème de décision, sans aucune incertitude sur le comportement d'autrui, et choisissent pourtant régulièrement une stratégie qui leur procure un moindre gain.

Prenons un exemple simple : le jeu du mille-pattes[1] – réduit à quatre pattes qui nous suffiront.

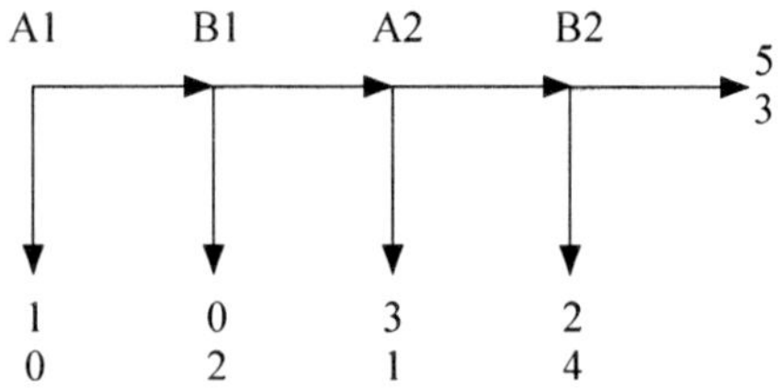

Deux individus A et B jouent chacun leur tour et doivent se partager une somme commune qui augmente graduellement. Le premier tour du jeu est le point A1 à gauche. À l'extrémité de chaque flèche, le chiffre du haut indique le gain de A, le chiffre du bas celui de B. Le joueur A joue ici aux premier et troisième tours, le joueur B aux deuxième et quatrième. À son tour, un joueur peut choisir entre arrêter le jeu avec un partage donné qui lui est favorable (flèches pointées vers le bas), ou laisser la main à l'autre pour le tour suivant, ce qui fait augmenter la somme globale.

Les partages sont tels qu'un joueur gagne strictement plus s'il arrête à son tour que si son adversaire arrête au tour suivant : en cas d'arrêt, A gagnerait 1 au premier tour, 0 au second, mais strictement plus que 1 à tous les tours suivants. Nous reviendrons plus en détail sur ce jeu. Pour l'instant, examinons pourquoi la théorie des jeux classique prévoit que le comportement rationnel pour A serait d'arrêter le jeu au premier tour pour gagner[1].

1. L'apparence de ce jeu rend évidente l'origine de son nom.

Le raisonnement classique est le suivant : au dernier tour, il est rationnel pour B d'arrêter le jeu (flèche du bas en B2) puisqu'il gagnera 4, au lieu de 3 (flèche à l'extrémité droite). Au troisième tour (point A2), A sait ceci, et comprend donc que si le jeu arrive en B2, il gagnera 2. Il choisit donc d'arrêter le jeu maintenant, puisqu'il gagne ainsi 3, c'est-à-dire strictement plus. Le raisonnement peut ainsi être répété jusqu'au premier tour : à chaque tour, le joueur sait que si le jeu continuait, l'autre joueur choisirait de l'arrêter; il préfère donc ne pas attendre et arrêter maintenant puisqu'il gagne ainsi plus. La certitude de gagner moins au tour suivant fait préférer le partage ici et maintenant. Le premier individu devrait donc choisir le partage immédiat au premier tour[1]. Ce raisonnement ne vaut que parce que les individus ont les mêmes capacités de raisonnement et que ce fait est de connaissance commune entre eux (ils peuvent donc raisonner à partir des conclusions d'autrui).

Ce résultat vaudrait même si le jeu comportait mille tours et si les joueurs avaient donc l'opportunité de gagner 1001 et 999 à la fin du jeu. Il est inutile d'ajouter qu'un tel résultat est fortement contre-intuitif. Les expériences[2] montrent qu'en réalité, on trouvera toujours, à chaque tour, une certaine proportion d'agents pour laisser la main et ce même au dernier tour. Ce comportement demande donc explication.

Les problèmes posés par ces trois types de jeux (normaux, finiment répétés et extensifs) ne sont pas nécessairement distincts. Il est par exemple également problématique d'expliquer la défection dans un dilemme du prisonnier ponctuel, dans le dernier dilemme d'une série finie, où au dernier coup d'un jeu du mille-pattes : les agents y ont un coup strictement meilleur qu'ils ne choisissent pourtant pas toujours en réalité. C'est aussi le même raisonnement qui explique l'arrêt du jeu au premier tour du mille-pattes et la défection constante dans le dilemme du prisonnier répété : de la certitude de la défection au dernier tour découle celle des défections aux tours précédents.

1. On appelle ce type de raisonnement, remontant du coup final au premier, un raisonnement par *rétroduction*.

2. C. Camerer, *Behavioral Game Theory*, Princeton, Princeton University Press, 2003, p. 218-221.

Ce qu'il n'est pas besoin d'expliquer

Certains résultats expérimentaux sont couramment considérés comme des explications du comportement coopératif alors qu'ils éclairent surtout des comportements voisins comme l'altruisme et la réciprocité[1]. La littérature accorde une place centrale au *jeu de l'ultimatum* : un joueur A propose à B un partage de N unités monétaires entre eux ; B peut ensuite accepter ou refuser, aucun joueur ne gagnant quoi que ce soit dans ce cas. La théorie des jeux prévoit que B devrait accepter dans tous les cas où il reçoit au moins 1 unité (s'il refusait, il ne gagnerait rien et le jeu serait terminé). Or, dans la plupart des cas observés, les joueurs B refusent une proposition trop basse et ont une limite « psychologique » au-delà de laquelle le refus est systématique. Autrement dit, les individus tendent à refuser une offre « injuste », alors même qu'ils gagnent ainsi strictement moins que s'ils avaient accepté.

Une étude expérimentale extrêmement intéressante, fondée sur le jeu de l'ultimatum, a récemment été menée au sein de différentes cultures afin de comparer la valeur moyenne des offres et des limites de refus selon les sociétés[2]. Les résultats montrent d'abord que l'intuition selon laquelle il est « juste » que A offre un peu moins de la moitié de la somme est commune aux cultures occidentales, alors que dans bon nombre d'autres sociétés, des offres plus basses tendront à être plus acceptées. De plus, les sujets de beaucoup de ces expériences menées dans des sociétés de petite taille ont déclaré avoir offert plus qu'ils ne le feraient normalement afin d'éviter un rejet qui aurait troublé le village[3].

Une théorie rationnelle devrait expliquer pourquoi le premier individu accorde toujours un gain strictement positif à autrui, mais pas pourquoi le rejet de cette offre est systématique à

1. Rappel : un comportement altruiste procure un gain à autrui au prix d'un coût personnel ; un comportement de réciprocité conduit à récompenser ou punir autrui selon qu'il a respectivement causé un gain ou une perte par le passé.

2. J. Henrich, R. Boyd, C. Camerer, E. Fehr, H. Gintis, R. McElreath, « In search of homo economicus. Behavioral experiments in 15 small-scales societies », *American Economic Review*, 91(2), 2001, p. 73-78.

3. C. Camerer, *Behavioral Game Theory*, Princeton, Princeton University Press, 2003, p. 81.

partir d'une limite, dont la valeur dépend significativement de la culture considérée. Nos intuitions égalitaires semblent provenir en grande partie de nos normes culturelles, ce qui nous éloigne d'une explication rationnelle de la coopération. Autrement dit, les comportements de rejet de certaines offres dans le jeu de l'ultimatum ne sont pas assez stables pour que l'on souhaite les prendre en compte dans une théorie rationnelle de la coopération *humaine* et non seulement américaine, japonaise ou péruvienne.

Le comportement coopératif ne se confond pas avec l'altruisme, pas plus qu'avec la morale ou les normes. Si les comportements altruistes ou moraux sont aujourd'hui largement étudiés en rapport avec la coopération humaine, c'est parce qu'on pense qu'ils sont le résultat de mécanismes apparus au cours de l'évolution (génétique ou culturelle) sans lesquels le comportement coopératif n'aurait pu se maintenir dans la population. Mais cela ne signifie pas qu'il y a coopération dans tous les cas où l'on observe un comportement altruiste ou moral.

...ET UN PEU DE PSYCHOLOGIE

Données expérimentales

Cette section passe en revue les principaux résultats expérimentaux existants afin d'établir la liste des paramètres et mécanismes connus propres à favoriser la coopération. Nous verrons ensuite si l'un d'entre eux semble plus fondamental et permet d'expliquer les autres. Idéalement, un facteur fondamental ne devrait pas être expliqué par d'autres facteurs. Il devrait être indispensable et, si possible, tel qu'il puisse mener à des explications rationnelles de la coopération.

Pour établir cette liste, nous nous appuierons, sans les citer dans le détail, sur quatre études[1] recensant les facteurs plausibles et les

1. R.M. Dawes, « Social dilemmas », *Annual Review of Psychology*, 31, 1980, p. 169-193 ; J. Orbell, R.M. Dawes, « Social dilemmas », *in* G.M. Stephenson, J.M. Davis (eds), *Progress in Applied Social Psychology*, Chichester, England, Wiley, 1981, vol. 1, p. 37-65 ; P. Kollock, « Social dilemmas. The anatomy of cooperation », *Annual Review of Sociology*, 24, 1998, p. 183-214 ; R. Tuomela, *Cooperation. A philosophical study*, *op. cit.*, chap. 12.

diverses solutions envisagées aux dilemmes sociaux. Les facteurs qui peuvent influencer la coopération sont étonnamment nombreux et variés. Ils peuvent être répartis en quatre catégories :

(a) Les caractéristiques objectives de la situation : Il s'agit des paramètres quantitatifs qui permettent de la décrire.
   - *L'efficacité d'un individu* : Le taux de coopération croît avec l'effet que chaque individu a sur le gain total. Plus l'action d'un individu est déterminante et profite au groupe, plus il a tendance à coopérer.
   - *L'exploitation par autrui* : Plus la coopération d'un individu est susceptible de profiter à des non-coopérants, moins celui-ci a tendance à coopérer.
   - *La nature des gains* : Il semble à peu près clair que le taux de coopération augmente lorsque le gain de la coopération croît ou que celui de la défection décroît. Des expériences indiquent de plus que le taux de coopération d'un individu augmente également lorsque seuls les gains d'autrui augmentent. Cet effet est cependant identique à celui lié à l'efficacité des agents – améliorer les gains d'autrui en cas de coopération revient à rendre l'effet de l'action coopérative quantitativement supérieur. Enfin, le taux de coopération est plus élevé lorsque les gains ne sont pas reçus individuellement mais collectivement (par le groupe entier).
   - *La taille du groupe* : Les résultats concernant ce facteur sont contradictoires. L'augmentation de la taille du groupe semble tantôt nuire à la coopération, tantôt la favoriser. Lorsqu'on augmente le nombre d'individus, on change aussi de jeu : on peut imaginer plusieurs types de dilemmes du prisonnier à dix joueurs. Certains paramètres précédents, comme l'exploitation par autrui ou l'efficacité d'individus donnés, peuvent aussi être modifiés. Or, si les jeux sont de nature différente, comparer les taux de coopération n'est plus pertinent. Il est donc difficile de tirer une conclusion claire concernant l'effet de ce facteur.
   - *La corrélation des gains* : Plus les gains des individus sont proches ou se ressemblent, plus le taux de coopération augmente. Ce paramètre est cependant différent des

précédents sur un point : il est quantifiable mais n'apparaît pas explicitement dans une situation; il permet seulement de prédire des comportements mais pas de les analyser – contrairement à l'efficacité ou l'exploitation qui sont compréhensibles d'un point de vue utilitaire.

(b) Les caractéristiques structurelles : Il s'agit cette fois de paramètres qualitatifs.

– *Le caractère public ou l'anonymat* : Lorsque les actions des individus sont perceptibles par les autres voire par un public extérieur, le taux de coopération augmente, alors que l'assurance de l'anonymat le fait diminuer[1]. Il s'agit de l'effet de la réputation, déjà expliqué par la théorie de l'altruisme réciproque et dans un cadre de jeux répétés.

– *Le choix des partenaires* : Le taux de coopération augmente sensiblement quand, lors d'interactions répétées on fournit aux individus la possibilité d'arrêter l'interaction avec leur partenaire lorsqu'ils le souhaitent. Ils sont ainsi capables de stopper dès que ce dernier exploite leur comportement coopératif ou ne coopère pas assez à leur goût. Ici encore, ce facteur est explicable par la théorie des jeux répétés – la défection devient en quelque sorte moins avantageuse puisqu'elle peut éventuellement conduire à un gain définitivement nul.

– *La menace* : Une méthode envisagée pour augmenter le taux de coopération lors d'interactions répétées serait de faire valoir que chaque joueur ne continue à coopérer que si tous ont coopéré précédemment. Ainsi la moindre défection individuelle aboutirait à une perte définitive de la coopération pour tous, ce qui constitue une incitation générale à la coopération. On notera que ce comportement n'est jamais observé empiriquement.

– *La promesse* : On pourrait penser qu'autoriser les agents à se faire des promesses avant d'interagir contribuerait à améliorer le taux de coopération, ce que les expériences confirment.

1. Pour que l'anonymat soit total, les sujets doivent être assurés que même les expérimentateurs ne pourront observer les comportements personnels et n'auront accès qu'aux résultats statistiques de l'expérience.

Mais, de manière surprenante, une fois la possibilité de communication accordée, le fait d'ajouter la possibilité de faire des promesses n'a en général aucune incidence sur le taux de coopération ! Des expériences[1] ont en fait montré que le véritable effet significatif se produit lorsque les promesses de coopérer sont *unanimes* au sein d'un groupe. Autrement dit, les promesses de coopérer n'ont un effet spécifique que lorsque tous les membres d'un groupe en font.

– *L'autorité externe* : Le taux de coopération dans le groupe augmente sensiblement lorsqu'on confie à un agent le pouvoir de décider des actions de chacun.

(c) Les facteurs motivationnels : Il s'agit d'aspects secondaires d'une situation, qui ne sauraient constituer une explication fondamentale, et qui réclament eux-mêmes une explication lorsqu'ils se révèlent pertinents.

– *Le niveau d'implication* : Le taux de coopération augmente avec l'écart entre les gains en jeu et les gains auxquels les agents sont confrontés quotidiennement. Plus la somme atteignable paraît extraordinaire, plus les individus tendent à coopérer. Ce paramètre est bien sûr impossible à établir à partir de la situation seule puisqu'il dépend de l'histoire de chaque agent. Il ne dépend pas non plus de la dimension coopérative de la situation : il n'est pas surprenant que le comportement d'un agent varie entre deux situations semblables, coopératives ou non, entre lesquelles le gain potentiel est multiplié.

– *La responsabilité personnelle* : Plus l'échec de la coopération semble probable, plus les agents coopèrent. Le type d'expérience aboutissant à ce résultat concerne des dilemmes répétés du bien public : les agents choisissent régulièrement de contribuer ou non, et à chaque étape prennent connaissance du résultat et apprennent si les contributions ont été suffisantes pour l'obtention du bien public. Or, lorsque les contributions faiblissent avec le temps au point de menacer de faire disparaître le bien public, le taux de coopération tend

1. J. Orbell, A.J.C. van de Kragt, R.M. Dawes, « Explaining discussion-induced cooperation », *Journal of Personality and Social Psychology*, 54, 1988, p. 811-819.

à augmenter. La théorie des jeux répétés n'explique pas le rôle de ce facteur.

– *La compréhension de la situation* : Les agents comprennent souvent assez mal la nature de la situation à laquelle ils font face. On ne la leur présente évidemment pas comme un dilemme social. Lorsque des questions sont posées après les expériences on voit que les sujets ayant coopéré comprennent en général mieux que les autres qu'il s'agissait d'un problème coopératif, qu'il y avait une opportunité de bénéfice mutuel. Ceci conduit à postuler que les agents ayant une compréhension plus complète ou globale de la situation sont plus enclins à coopérer.
– *La communication* : Donner simplement aux agents la possibilité de communiquer entre eux avant le jeu permet d'augmenter sensiblement le taux de coopération lorsqu'ils sont autorisés à parler du problème auquel ils font face ; une discussion sur un autre sujet n'a pas d'effet significatif.
– *La moralisation* : L'écoute passive d'un sermon a sur le taux de coopération un effet positif, semblable à celui d'une communication entre agents.
– *La croyance que les autres coopéreront* : Des résultats expérimentaux ont établi une corrélation entre la tendance d'un agent à coopérer et sa croyance que les autres le feront. Ce résultat est cependant limité : il dépend de la structure du jeu, des préférences subjectives des agents et ne semble pertinent que dans les situations à deux joueurs.
– *La réciprocité de groupe* : La croyance selon laquelle coopérer permet d'appartenir à un groupe et d'en tirer un bénéfice, d'en espérer une réciprocité future. Celle-ci favorise grandement la coopération. Elle est présente même lorsque le jeu n'est pas répété – alors que nous savons que les agents différencient d'ordinaire nettement les situations uniques des situations répétées.
– *La nature du problème* : Le taux de coopération semble être différent selon que les agents font face à un dilemme du bien public ou à celui dit de la « tragédie des communaux » : bien

que structurellement identiques, le premier demande aux agents de fournir une partie d'un bien individuel *déjà acquis* pour participer à l'établissement d'un bien public, alors que le second leur demande de choisir leur gain individuel en puisant dans un bien public – une réserve commune – déjà en place. Peu d'expériences procèdent à une telle comparaison, et les effets de ce facteur sont donc peu clairs.

(d) Les mécanismes psychologiques : C'est dans cette catégorie que nous trouverons le type d'explication que nous recherchons. La littérature n'en propose hélas que peu.

– *L'orientation personnelle* : C'est la capacité déjà évoquée qu'auraient les agents de raisonner par rapport à des préférences finales obtenues à partir des préférences initiales. Autrement dit, les individus ne raisonneraient pas par rapport aux gains matériels qu'ils peuvent tirer du jeu mais par rapport à une utilité personnelle influencée par d'autres facteurs[1]. Des expériences montrent que l'on peut généralement répartir les agents en différents types : coopérateurs (maximisant la somme des gains de chacun), compétiteurs (maximisant leur différence), individualistes (maximisant leur gain) ou altruistes (maximisant le gain d'autrui), pour ne citer que les plus simples. Dans les travaux portant sur ce point, les types sont présentés comme donnés et il n'existe pas de résultat étudiant comment un individu adopte un type plutôt qu'un autre. Or il n'y a aucune raison de croire qu'un agent doive toujours présenter le même type de préférences subjectives : différentes situations pourraient déclencher l'adoption de différents types. Ce mécanisme, s'il a donc un pouvoir explicatif certain qui milite en faveur du recours aux solutions externes dans l'étude des dilemmes sociaux, reste cependant incomplètement établi.

– *L'identification de groupe* : C'est le fait pour un individu de se concevoir comme membre d'un groupe donné. Rendre une identité de groupe manifeste conduit à l'augmentation

1. Une explication de ce type correspond à ce que nous avons appelé une solution externe (voir le chapitre précédent).

du taux de coopération, et ce même en l'absence totale de communication. Une telle identification peut être obtenue par des actes mineurs qui, bien que sans aucun rapport avec la situation coopérative ultérieure, peuvent induire insensiblement un point de vue de groupe. Dans une expérience remarquable[1], deux groupes d'agents sont placés dans une situation semblable de dilemme coopératif. Auparavant, on a demandé aux membres d'un groupe de lire un texte (sans rapport avec la situation qui suivra) et d'y entourer les pronoms « nous »; aux autres d'entourer « ils », « elles » ou « eux ». Le taux de coopération final du premier groupe est alors significativement supérieur à celui du second! Il est aussi extrêmement efficace de faire apparaître une identité de groupe par simple effet d'opposition, par exemple en rendant manifeste l'existence d'un autre groupe.

Identification de groupe

L'identification de groupe est le seul facteur qui nous permette une approche constructive : il postule un phénomène fondamental dont on peut rechercher la trace ou l'influence dans tous les autres. Permet-il d'expliquer les divers facteurs qui ont une influence sur le taux de coopération et qui ne sont pas déjà expliqués par la théorie des jeux répétés? Il semble que oui.

Reprenons rapidement la liste précédente, en commençant par les paramètres *quantitatifs*. Un individu s'identifiant à un groupe devient moins incertain au sujet du comportement des autres membres, et ses actions ont donc désormais davantage de chances de contribuer au succès de la coopération : d'où un lien entre efficacité d'un agent et coopération. La possibilité de l'exploitation par autrui diminue les raisons d'agir pour le groupe; plus les raisons d'agir « égoïstement » sont fortes, moins l'identification au groupe serait probable. Enfin, l'effet positif de la corrélation des gains est plus simplement explicable : des gains proches traduisent une similarité entre les joueurs et participent donc à rendre une identité

1. M.B. Brewer, W. Gardner, « Who is this "we"? Levels of collective identity and self identification », *Journal of Personality and Social Psychology*, 71, 1996, p. 83-93.

de groupe saillante. La littérature consacrée à l'identification de groupe a depuis longtemps établi qu'il suffit d'une similitude entre des individus, aussi peu pertinente paraisse-t-elle[1], pour engendrer des effets d'identification sociale. Ainsi, demander à des agents d'estimer le nombre de points sur un écran, puis les classer en groupes de « sous-estimateurs » et de « surestimateurs » de façon arbitraire (c'est-à-dire indépendamment de l'estimation qu'ils ont effectivement donnée!) suffit à déclencher une identification de groupe.

Les facteurs *qualitatifs* se laissent également interpréter en termes d'identification de groupe[2]. Le choix du partenaire permet de diminuer ou de supprimer tout avantage stratégique de la défection; la possibilité continuelle de fuite fait qu'il devient clair pour chacun que tous interagissent volontairement, parce qu'ils souhaitent interagir ensemble. Toute interaction sans départ de quiconque renforcerait donc l'identité de groupe, d'où la plus grande conservation de la coopération. La présence d'une autorité externe garantit l'existence d'un plan d'action commun à tous et résout donc d'avance les éventuels problèmes de coordination du groupe. La possession d'une stratégie globale est un facteur d'unité supplémentaire. Quant au cas des promesses, il est plus favorable encore. Elles n'ont d'effet notable que lorsque tout le groupe en fait, ce qui constitue une caractéristique collective marquante et rend saillant le groupe entier.

Passons maintenant aux facteurs *motivationnels*. Comprendre la nature de la situation implique qu'on ait conscience qu'il existe un intérêt collectif. La communication entre les personnes d'un groupe au sujet de la résolution d'un dilemme rend manifeste l'existence du dilemme, donc d'un bénéfice mutuel potentiel. L'existence du groupe devient donc saillante dans l'analyse de la situation comme dans la discussion du dilemme. Une discussion sur un sujet quelconque n'a pas d'effet sur la coopération, alors qu'on pourrait la voir comme une activité collective rendant manifeste l'existence

1. H. Tajfel, M. Billig, R. Bundy, C. Flament, « Social categorization in group behavior », *European Journal of Social Psychology*, 1, 1971, p. 149-178.

2. À l'exception de l'anonymat, explicable stratégiquement.

du groupe. Une simple conversation pourrait cependant être une activité trop commune pour que son effet sur l'identité de groupe soit perceptible lors de la participation à un dilemme social[1].

Croire que les autres coopèrent, tout comme croire en une réciprocité de groupe, augmenterait dans l'agent la force de la croyance selon laquelle les autres s'identifient collectivement et l'incluent dans leur groupe (puisqu'ils projettent également d'agir dans son intérêt); et cela aurait pour résultat un renforcement de l'identité de groupe. De la même façon, l'imminence de la disparition d'un bénéfice mutuel le rend plus marquant et stimule l'identité de groupe, d'où l'effet positif sur la responsabilité personnelle. Enfin, l'écoute d'un sermon sur le bien qu'il y a à coopérer et le mal qu'il y a à trahir les autres a aussi pour conséquence de rendre manifeste au sujet l'existence d'un bien commun et de renforcer l'identité collective.

Une réserve s'impose cependant : la présentation du problème (bien public ou « tragédie des communaux ») influe sur le taux de coopération, mais il est difficile d'établir un lien entre cette variation et l'identité de groupe. Une expérience en particulier montre que la stimulation de l'identification de groupe échoue à améliorer la coopération uniquement lorsque le problème est présenté comme celui des communaux *et que le groupe est de grande taille*. On a vu que la question de l'influence de la taille du groupe mêle plusieurs autres facteurs et ne mène à aucune intuition claire. La présentation en termes de « communaux » semble favoriser l'identification de groupe (un bien public est présent au départ); mais la petite taille du groupe également, si bien que sans modèle précis pour nous guider dans le degré des influences respectives il est pour l'instant impossible de se prononcer. Le cas reste donc problématique et non résolu.

Enfin, il semble que l'identification de groupe influence significativement le mécanisme d'*orientation personnelle* (c'est-à-dire le fait que les préférences des individus ne coïncident pas

1. C'est par exemple l'avis de C. Bicchieri, *The Grammar of Society. The Nature and Dynamics of Social Norms*, Cambridge, Cambridge University Press, 2006, lorsqu'elle commente les résultats expérimentaux concernant l'effet de la conversation sur le taux de coopération.

avec leurs gains concrets). Dans certaines expériences[1], on fait explicitement décrire aux sujets leurs préférences sur les résultats possibles d'un jeu, en fonction de l'identité possible de leur partenaire. Celui-ci peut-être être un inconnu, faire partie de groupes plus ou moins restreints auxquels appartient le premier individu, ou de groupes opposés (par exemple être un étudiant d'une autre université). Les préférences des individus sont proches des gains matériels lorsque leur partenaire appartient à un groupe opposé, et sont transformées dans le reste des cas, devenant plus « sociales », notamment lorsque les deux partenaires font partie d'un même groupe restreint. Cela ne signifie pas que la modification de l'orientation personnelle est *causée* par l'identification de groupe, mais qu'elle peut être significativement *influencée* par elle – alors que la réciproque est fausse.

L'identification de groupe est donc compatible avec la grande majorité des facteurs favorisant la coopération et semble capable d'en expliquer la plupart. Bien entendu, les rapprochements qui précèdent sont trop incomplets et trop rapidement évoquées pour constituer des explications satisfaisantes. Ils indiquent cependant la *cohérence* de l'hypothèse d'identification de groupe avec la quasi-totalité des facteurs pertinents pour la coopération. Nous en faisons donc notre piste privilégiée dans la recherche d'une explication de la coopération.

Le choix rationnel : allié ou concurrent ?

L'identification de groupe – ou identité sociale – n'est pas un phénomène rigoureusement défini. Il a été étudié en psychologie, de façon essentiellement informelle, et on en trouve plusieurs théories. Celles-ci sont de plus, selon les expériences, en concurrence avec d'autres explications, parfois considérées comme meilleures. Donnons d'abord une description rapide de l'identification de groupe[2].

1. P. Kollock, « Transforming social dilemmas. Group identity and co-operation », *in* P. Danielson (ed.), *Modeling Rationality, Morality and Evolution*, New York, Oxford University Press, 1998.

2. Donnée par de J. de Boer, *The 'We' Perspective – An Explanation of Collective Action*, Thèse de doctorat, Université d'Amsterdam, 2006.

> D'après la théorie de l'identité sociale, tout individu a deux modes ou identités, une identité personnelle et une identité sociale (ou de groupe), et cette identité sociale chez les gens est déclenchée par des processus très minimaux de catégorisation. [...] Lorsque l'identité sociale est active, la distinction entre les buts individuels et les buts des autres devient plus ou moins floue. [...] Il est de plus souvent supposé que les gens souhaitent promouvoir leur identité sociale et qu'un moyen de le faire est de promouvoir leur groupe. En conséquence, les gens manifestent un biais envers leur groupe.

Selon cette description et la liste de la section précédente, l'identification de groupe est un phénomène cognitif que peut déclencher tout événement rendant le groupe saillant. Son effet porte sur l'identité d'un agent, qui se définit non plus en tant qu'individu mais en tant que membre de ce groupe. Cela peut le conduire à adopter de nouveaux buts, de nouvelles préférences, et en conséquence à coopérer davantage avec les membres de son groupe.

La question est maintenant : peut-on intégrer l'identification de groupe à une explication rationnelle de la coopération? D'après la description précédente, elle semble en effet n'avoir aucun lien avec la rationalité. L'identification à un groupe n'est pas choisie mais déclenchée par des facteurs qui peuvent être indépendants des coûts et bénéfices.

Le problème général de l'identification de groupe est que plusieurs des expériences qui en confirment l'existence peuvent également être décrites d'une façon différente et cohérente avec une explication rationnelle. On aurait donc une opposition entre la théorie du choix rationnel (TCR) et celle de l'identité de groupe (TIG).

Des psychologues ont récemment conçu une expérience visant à départager TCR et TIG[1]. Des étudiants sont d'abord testés et répartis en deux catégories, les coopératifs et les individualistes (à leur insu). On les place alors dans une situation de dilemme du prisonnier, en leur disant que leurs résultats seront comparés soit à

1. D. De Cremer, M. Van Vugt, « Social identification effects in social dilemmas. A transformation of motives », *European Journal of Social Psychology*, 29, 1999, p. 871-893.

ceux des autres étudiants en général, soit à ceux d'étudiants d'une autre Université. Ce dernier cas devrait créer une identification au groupe bien plus forte que le premier. D'après TIG, l'identification de groupe devrait faire apparaître des préférences sociales (et donc modifier le taux de coopération) seulement chez les étudiants individualistes, puisque les étudiants coopératifs ont déjà ces préférences. D'après TCR, l'identification devrait augmenter la confiance des uns envers les autres, c'est-à-dire les croyances qu'autrui va coopérer. Cela ne modifiera en rien le comportement d'un individualiste, puisque la non-coopération reste l'action préférable. Seuls les étudiants coopératifs devraient donc montrer un taux de coopération différent.

Plus précisément, l'éventualité qu'il existe un groupe opposé d'étudiants d'une autre université devrait respectivement pousser les individualistes ou les coopératifs à coopérer davantage selon TIG ou selon TCR. Or les résultats montrent que ceux dont le comportement varie sont les individualistes : TIG semble confirmée. Cependant, la mention d'une autre université aurait pu provoquer l'apparition de préférences « compétitives » chez les individualistes – le désir de faire mieux qu'une autre université. L'attrait pour la coopération n'aurait donc été qu'une conséquence secondaire et non immédiate de l'identification, et TCR apparaît alors compatible avec l'expérience.

S'il est difficile de départager les deux théories, c'est que la théorie du choix rationnel est souple et adaptable. Elle accepte toutes les modifications de préférences ou de croyances : pourvu qu'une explication se fonde sur de telles modifications, elle restera compatible avec l'hypothèse que les individus sont rationnels. L'explication par identification de groupe est au contraire plus spécifique et n'entraîne que certaines modifications très particulières des croyances et préférences des agents (comme l'adoption de préférences sociales et la croyance que le groupe est saillant pour autrui). Autrement dit, TIG est tout à fait cohérente avec le cadre général qu'offre TCR et peut être vue comme un cas particulier. En principe, le mécanisme d'identification de groupe n'est pas en conflit avec la théorie du choix rationnel et ne remet donc pas en cause la rationalité des agents.

Apparaît à présent un second problème : même si l'explication par identification de groupe est cohérente avec le choix rationnel, il se pourrait qu'elle soit en concurrence avec d'*autres* explications du même type. C'est une critique notamment faite par Bicchieri[1]. Celle-ci observe qu'une des caractéristiques principales du comportement coopératif est son *inertie*. Par exemple, si des individus décident, après discussion, de donner des ressources à des membres de leur groupe, et qu'on leur révèle ensuite que l'argent ira en fait aux membres d'un autre groupe, ils tendent à ne pas modifier leur décision[2]. Pour Bicchieri, cette inertie est le signe que les individus suivent des normes sociales : la norme de comportement adoptée dans un contexte tend à être conservée même si le contexte change[3]. Cet effet n'est cependant pas incompatible avec l'identification de groupe, qui pourrait parfaitement être tout aussi stable : il est peu plausible qu'un agent cesse brusquement de s'identifier à un groupe si rien ne remet en cause son unité.

Bicchieri fournit un contre-exemple supplémentaire. Les groupes récemment formés sont souvent moins coopératifs que les groupes plus anciens[4], ce qui semble directement contredire TIG puisque l'identification du groupe devrait théoriquement s'intensifier avec sa durée de vie. Cependant, la force de l'identification de groupe n'est pas nécessairement celle des liens unissant les membres du groupe. De plus, nous avons vu que l'identification de groupe semble être d'autant plus forte que l'échec de la coopération est probable. Or l'efficacité et la continuité de groupes anciens sont moins douteuses que celles de groupes récents. Des individus ayant récemment formé un groupe devraient donc s'y identifier d'autant plus fortement que son existence reste précaire ; en cas d'échec, le groupe pourrait se révéler inutile aux yeux de tous et donc se

1. C. Bicchieri, *The Grammar of Society – The Nature and Dynamics of Social Norms*, Cambridge, Cambridge University Press, 2006, chap. 4.

2. R.M. Dawes, A.J.C. van de Kragt, J.M. Orbell, « Not me or thee but we. The importance of group identity in eliciting cooperation in dilemma situations. Experimental manipulations », *Acta Psychologica*, 68, 1988, p. 83-97

3. L'inertie se manifeste également temporellement, d'une série de jeux à l'autre. *Cf*. R.M. Isaac, J.M. Walker, « Communication and free-riding behavior : the voluntary contribution mechanism », *Economic Inquiry*, 26(4), 1988, p. 585-608.

4. R.H. Thaler, *The Winner's Curse, Paradoxes and Anomalies in Economic Life*, New York, Free Press, 1992.

dissoudre. Au contraire, l'identification à un groupe ancien pourrait être forte mais ne pas se traduire en actions tant que son existence n'apparaît pas menacée – autrement dit ses membres ménageraient leur peine. La force de l'identification à un groupe ne se traduit pas nécessairement par une action coopérative. Si l'on considère une série d'actions des membres d'un groupe, un bon indice de la force avec laquelle ils s'y identifient serait donc davantage le succès répété de leurs actions coopératives que le simple nombre de coopérants.

Modèles rationnels de la coopération

D'après les sections précédentes, l'identification de groupe est un facteur psychologique crucial pour la coopération, qui a jusqu'alors été compris de façon vague comme la faculté qu'ont les êtres humains de ramener leur identité personnelle à leur appartenance à un groupe. Or il se trouve que l'identification de groupe peut être incluse dans un modèle de théorie des jeux qui rend la coopération rationnelle.

Raisonnement de groupe et travail d'équipe

Quel type de raisonnement fondé sur l'identification de groupe pourrait mener à la coopération ? Ces dernières années ont vu croître le nombre de travaux s'intéressant à un type de raisonnement particulier : celui d'un individu qui réfléchirait du point de vue d'un groupe. De nombreux concepts collectifs relatifs à une équipe ou à un « nous » ont ainsi été introduits[1]. De tels termes renvoient-ils à des modes d'identification de groupe ? Ces usages correspondent en fait à deux emplois.

Le premier emploi est de pure terminologie : il s'agit du « mode de groupe » de Tuomela[2]. Adopter le mode de groupe revient à agir pour des raisons construites collectivement. Le raisonnement, ainsi que les émotions et actions de l'individu ont alors pour origine le groupe. Le raisonnement de groupe revient donc à un

1. En anglais, parle de *team-thinking*, *we-thinking*, *we-ness*, *we-goal*, *we-attitude*, *we-equilibrium*...

2. *Cf.* le chapitre I.

principe simple de cause à effet entre les objectifs du groupe et les actions individuelles. Mais les conséquences stratégiques de ce raisonnement sont laissées dans l'ombre[1].

Le second emploi traduit davantage une façon novatrice de voir les choses[2] et est issu d'une théorie des actions d'équipes. Tout individu a la possibilité de raisonner en tant qu'individu isolé ou en tant que membre d'une équipe. Le principe d'action est simple : au sein d'un groupe, un individu devrait accomplir l'action A si les raisons de croire suivantes sont présentes : 1) A fait partie d'une stratégie jointe optimale *pour l'équipe*; 2) tous les membres de l'équipe recherchent la maximisation et 3) chacun est rationnel (agit sur la base de raisons). Un individu cherchera à agir pour l'équipe lorsqu'il est de connaissance commune (au sens de Lewis) que chaque membre fait de même. Le raisonnement d'équipe permet de considérer des choix de *combinaisons* d'actions (ceux que *pourrait* faire l'équipe si elle était parfaitement coordonnée), de déterminer le meilleur d'entre eux, et ensuite d'agir en suivant l'une ou l'autre des conclusions. Un individu raisonnant en équipe se place ici du point de vue fictif d'un leader de l'équipe qui déterminerait la meilleure marche à suivre, puis accomplit sa part s'il a assez confiance dans les autres membres de l'équipe et pense qu'ils ont fait le même raisonnement.

L'avantage de cette théorie est d'abord de n'exiger aucun accord ou discussion préalable entre les agents : chacun perçoit la situation, réfléchit depuis différents points de vue, les compare, en adopte un et agit en conséquence s'il est certain que les autres font de même. Mais il faut ajouter que la théorie est, de plus, cohérente avec l'identification de groupe : la recherche des raisons pour lesquelles un agent raisonne et agit pour une équipe donnée revient à celle des sources de son identification à un groupe. S'identifier à

1. Tuomela a récemment, avec ses coauteurs, rapproché son mode de groupe du raisonnement stratégique en équipe ; voir R. Hakli, K. Miller, R. Tuomela, « Two Kinds of We-Reasoning », *Economics and Philosophy*, 26(3), 2010, p. 291-320.

2. M. Bacharach, « Interactive team reasoning. A contribution to the theory of co-operation », *Research in Economics*, 53, 1999, p. 117-147 ; M. Bacharach, *Beyond Individual Choice. Teams and Frames in Game Theory*, Princeton, NJ, Princeton University Press, 2006 ; voir également R. Sugden, « The logic of team reasoning », *Philosophical Explorations*, 6, 2003, p. 165-181.

un groupe, c'est faire siennes ses préférences et réfléchir, du point de vue du groupe uni, à la meilleure stratégie à adopter.

Cette théorie rencontre cependant plusieurs problèmes majeurs :

– Un problème d'*identité* : à quelle équipe un agent s'identifie-t-il ? La théorie ne précise pas sous quelle identité l'individu doit agir : elle ne spécifie pas les facteurs en fonction desquels un agent s'identifie à un groupe plutôt qu'à lui-même. Il pourrait s'agir d'accords explicites comme de compréhension graduelle des intentions d'autrui.

– Un problème d'*existence* : quelles équipes existent ? La réponse de Sugden est qu'une équipe existe dès que ses membres se considèrent tous comme en faisant partie, ou plus exactement dès qu'il existe entre eux une « confiance mutuelle ». Ce concept de confiance mutuelle reste flou, profondément non rationnel et repose sur la connaissance commune (au sens de Lewis) qui existe entre individus. Cette confiance s'acquiert avec le temps, au fil des interactions successives. Autrement dit, des individus réaliseraient progressivement qu'ils font partie de la même équipe. En l'absence d'un tel passé commun, l'existence d'une équipe reste énigmatique.

– Un problème de *définition* : comment définir l'objectif ou les préférences d'une équipe ? D'après Sugden, ils peuvent être quelconques et n'ont en particulier pas à être explicables à partir des objectifs et préférences des membres de l'équipe. De la même façon qu'en théorie du choix rationnel, les préférences d'un individu sont des données de départ qui ne sont jamais questionnées, il n'existe aucune contrainte sur les préférences d'une équipe ; elles dépendent au mieux de son histoire. On pourrait au contraire soutenir qu'une équipe ne saurait apparaître sans une opportunité de coopération, c'est-à-dire sans la présence d'un bénéfice mutuel pour ses membres, et que son existence dépend donc partiellement de leurs préférences.

– Un problème de *rationalité* : comment déterminer la stratégie optimale d'une équipe ? Un individu raisonnant en équipe accomplira sa part de la stratégie optimale, mais l'origine de cette dernière reste mystérieuse.

– Un problème de *justification* : les individus s'identifiant à un groupe raisonnent-ils vraiment en équipe ? Il n'existe pas d'expérience le suggérant. L'explication de la coopération par raisonnement de groupe n'est donc encore qu'une possibilité attrayante qui n'est pas appuyée par les faits[1].

Modèles coopératifs

Cette section va esquisser les caractéristiques de deux modèles de théorie des jeux expliquant le comportement coopératif. Comme nous le verrons, il est en fait possible de s'épargner le recours aux aspects problématiques du raisonnement de groupe tout en se fondant encore sur l'identification de groupe.

Actions simultanées

Il n'est pas question d'entrer ici dans le détail technique des modèles formels de la coopération. Nous pouvons cependant en esquisser les contours, en clarifier les hypothèses et en souligner les avantages et les défauts. Comment expliquer rationnellement le comportement d'un individu choisissant de coopérer dans le dilemme du prisonnier ? Le mécanisme est le suivant.

Dans un jeu à actions simultanées comme le dilemme du prisonnier, plusieurs paramètres sont donnés *a priori*. On se donne d'abord la *liste d'équipes* auxquelles il est possible qu'un individu s'identifie. Pour chacune de ces équipes, on fournit une *fonction d'utilité*, qui traduit les préférences et objectifs de l'équipe. Enfin, et c'est le plus important, on fournit pour chaque individu une liste des *probabilités d'identification* à chaque équipe, qui représentent la tendance qu'il a à se percevoir comme un de leurs membres. Ces probabilités peuvent être vues comme le degré de saillance des équipes, la facilité avec laquelle elles sont perçues et adoptées. Le fait qu'elles soient données dès le départ est cohérent avec l'analyse

1. M. Bacharach, « Interactive team reasoning. A contribution to the theory of co-operation », *Research in Economics*, 53, 1999, p. 117-147, privilégiait le raisonnement de groupe pour des raisons techniques : il permettait d'expliquer comment des individus résolvent des problèmes de coordination, ce que la théorie des jeux classique ne pouvait faire sans faire d'hypothèses supplémentaires sur la rationalité des agents. Mais cet avantage formel du raisonnement de groupe ne le rend pas pour autant plus réaliste.

que nous avons faite de l'identification de groupe : s'identifier à un groupe n'est pas rationnel en soi et dépend de multiples facteurs externes, non nécessairement quantifiables, qui concourent à rendre l'équipe plus ou moins saillante.

Au départ, il est donc probable qu'un individu s'identifie à chacune des équipes possibles et adopte les préférences associées. Il peut aussi ne s'identifier à aucune et conserver ses préférences individuelles d'origine. En utilisant le vocabulaire de la théorie des jeux, on dit qu'un individu a donc plusieurs *types* possibles. De plus, tous les individus sont fondamentalement en situation d'incertitude en ce qui concerne les types d'autrui : ils ne savent pas qui s'identifie à quelle équipe, ne connaissant que la probabilité des identifications possibles. Les appartenances des agents à telle ou telle équipe donnée sont fondamentalement incertaines, et aucune équipe n'a d'existence assurée avant l'interaction[1].

Lorsqu'un individu ne s'identifie à aucune équipe, il raisonne d'après les gains matériels du jeu. Dans un dilemme du prisonnier, il ne coopérera donc jamais puisque la coopération est individuellement irrationnelle. Le cas intéressant est celui de l'individu qui s'identifie à une équipe. Supposons que l'action *plausible* pour tous ceux qui s'identifient à l'équipe soit à première vue de coopérer. Peut-il alors être effectivement *rationnel* pour un individu identifié à l'équipe de coopérer? La réponse est oui, du moins quand les probabilités d'identification à l'équipe sont suffisamment élevées.

Le raisonnement est le suivant. Si je coopère, alors j'obtiendrai le gain de la coopération si suffisamment d'autres individus s'identifient à l'équipe et coopèrent (ce qui a une certaine probabilité), et un gain inférieur si les autres coopérants sont en nombre insuffisant. Je peux donc calculer l'utilité espérée de mon action coopérative en additionnant ces deux gains pondérés par la probabilité de chaque cas. Plus la probabilité d'identification à l'équipe des autres est élevée, plus cette utilité espérée le sera également. Je peux ensuite calculer l'utilité espérée de mon action de défection,

1. D'où le nom donné par Bacharach à un modèle apparenté : *interaction d'équipes incertaines*.

de la même façon. Les gains pris en compte ne sont plus les mêmes : ce sont les gains pondérés en cas de trahison de ma part et de défection quasi-générale (y compris la mienne). Il suffit ensuite de comparer ces deux utilités espérées : la coopération sera rationnelle lorsque la première sera supérieure à la seconde. On comprend que cela pourra être le cas lorsque la probabilité que les autres s'identifient à l'équipe est suffisamment élevée[1]. Autrement dit, il est rationnel de coopérer lorsqu'on s'identifie à l'équipe et que les probabilités d'identification d'autrui sont assez grandes.

Les avantages d'un tel modèle sont multiples. D'abord, il est fondamentalement non-déterministe : il permet de justifier d'une façon commune deux choix que des individus pourraient faire (coopérer ou non), mais n'indique pas la façon dont ils s'identifient à telle ou telle équipe. Il s'agit d'un pur calcul d'équilibre donnant toutes les stratégies qui peuvent être envisagées rationnellement. Certaines probabilités d'identification étant données *a priori*, il pourra être *tout aussi rationnel* de coopérer si l'on s'identifie au groupe que de faire défection si l'on ne s'identifie pas. Le mécanisme rationnel à l'œuvre est identique dans tous les cas. De plus, les agents ne sont pas définis à l'avance comme coopérants ou non coopérants. Autrement dit, s'identifier à un groupe ne garantit pas que l'on va coopérer : on n'a donc pas directement ramené la rationalité de la coopération à la simple identification de groupe[2].

De plus, le modèle n'est pas limité à une situation unique comme le dilemme du prisonnier, mais est utilisable dans tout jeu à actions simultanées. Il ne s'agit donc pas d'une solution créée *ad hoc* pour résoudre certains problèmes.

Enfin, l'explication par identification de groupe propose une explication de la coopération fondée sur un paramètre réaliste et au moins partiellement quantifiable. La littérature philosophique classique mais aussi économique regorge d'analyses situant le fondement de la société dans des capacités humaines telles que

1. Le lecteur familier de la théorie des jeux aura (je l'espère) reconnu la description extrêmement informelle d'un équilibre de Nash bayésien.

2. Cette incertitude fondamentale sur l'identité des coopérants est de plus tout à fait cohérente avec notre projet de définition d'une coopération minimale, dans laquelle, rappelons-le, il n'y a pas de connaissance commune préalable de l'identité des participants.

l'amitié, la sympathie, l'empathie, les sentiments moraux... Hobbes déjà remarquait la popularité d'une telle tendance :

> La plupart de ceux qui ont écrit touchant les républiques supposent ou demandent, comme une chose qui ne doit pas leur être refusée, que l'homme est un animal politique, [...] né avec une certaine disposition naturelle à la société. Sur ce fondement-là, ils bâtissent la doctrine civile ; [...] Cet axiome, quoique reçu si communément, ne laisse pas d'être faux, et l'erreur vient d'une trop légère contemplation de la nature humaine[1].

Évidemment différente dans les détails, l'analyse par identification de groupe peut être rapprochée de la démarche de Hobbes par sa volonté de précision et de bannissement de tout concept imparfaitement défini. La capacité d'identification de groupe autorise un certain degré de coopération *lorsqu'elle est associée à un certain type de rationalité* – elle ne conduit pas automatiquement et à elle seule à la coopération. En ce sens, cette analyse est dégagée de toute forme de pétition de principe, qui expliquerait la coopération par une tendance naturelle à coopérer.

Un autre avantage de cette explication est qu'elle est hybride : pour reprendre le vocabulaire du chapitre précédent, il s'agit d'une solution à la fois interne, puisqu'elle nécessite des préférences « sociales », et externe puisqu'elle modifie la structure du jeu en y introduisant des probabilités. L'explication par identification de groupe choisit d'ajouter un nombre restreint de préférences inamovibles (une pour chaque groupe possible) et identiques pour tous les agents s'identifiant à ce groupe; le poids de l'explication repose donc en majorité sur l'aspect stratégique. La théorie obtenue est en ce sens volontairement lointaine de celles qui construisent des fonctions d'utilités complexes dépendant de multiples paramètres, extrêmement variables selon les agents[2] et dont l'existence est rarement justifiée. Cette différence de modélisation reflète naturellement la différence des projets : là où les modèles cités

1. T. Hobbes, *Le Citoyen*, Paris, Garnier-Flammarion, 1982, p. 90.

2. *Cf.* par exemple J. Andreoni, L. Samuelson, « Building Rational Cooperation », *Journal of Economic Theory*, 127(1), 2006, p. 117-154.

visent à décrire et prédire les *comportements*, le nôtre souhaite en décrire fidèlement les *causes et raisons*.

Mais malgré ces avantages, l'explication par identification de groupe comporte des défauts, dont le principal est qu'elle n'est pas complète. Elle nécessite plusieurs paramètres *a priori* (liste d'équipes possibles, utilités sociales, probabilités d'identification) qui restent inexpliqués, ce qu'une théorie complètement satisfaisante devrait pouvoir prendre en compte[1].

Coopération dynamique et perception de groupe

Abordons à présent les jeux à coups successifs afin de juger s'il est possible de généraliser l'approche fondée sur l'identification de groupe, et si, dans le cas contraire, des modifications peuvent en conserver l'esprit. Nous prendrons comme exemple type de jeu extensif coopératif le jeu du mille-pattes, dont nous avons signalé en début de chapitre qu'il posait l'un des problèmes qu'une explication de la coopération satisfaisante est supposée résoudre :

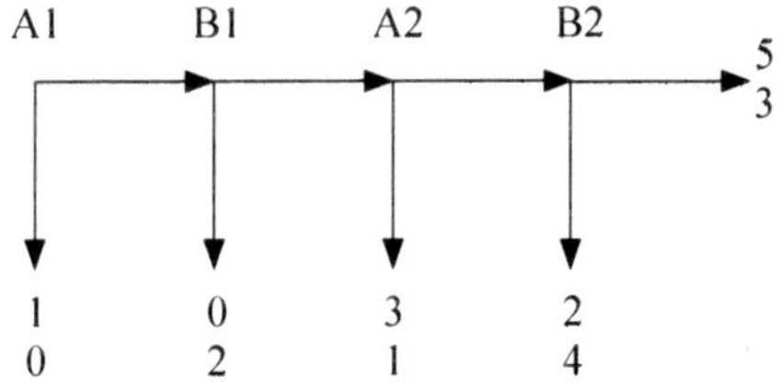

Dans ce jeu, chaque joueur est tiraillé entre le choix d'attendre pour voir la mise augmenter, au risque de voir le tour suivant être le dernier, et celui de choisir la sécurité en gagnant parfois beaucoup moins que la somme qui aurait pu devenir disponible. Comme nous l'avons vu, la théorie des jeux classique est irréaliste puisqu'elle prévoit que le jeu s'arrêtera dès le premier coup, en se fondant sur la certitude que B stoppera le jeu au dernier tour pour déduire que les joueurs devraient stopper le jeu à tous les tours précédents.

Or Binmore, qui est à l'origine de la critique de ce raisonnement par rétroduction, remarque que si, comme il arrive fréquemment

1. Il est à notre avis possible d'y remédier, mais cela nécessiterait un travail technique sortant du cadre de ce livre.

en pratique, le premier joueur choisit de continuer le jeu, alors la théorie s'effondre : puisqu'il a agi de manière irrationnelle, la connaissance commune de rationalité disparaît, ce qui rend impossible tout raisonnement ultérieur. B se trouverait donc totalement démuni par le simple fait d'avoir la main. En effet, pour décider par rétroduction de ce qu'il ferait au deuxième tour, B prévoit que A agira rationnellement au tour suivant en arrêtant le jeu. Mais si A était rationnel, il n'y aurait eu de second tour ! La rétroduction suppose que les agents font leurs choix à partir d'hypothèses de rationalité rendues erronées par le fait même qu'ils sont en position de faire ce choix.

Il paraît abusif de limiter la rationalité au raisonnement par rétroduction et de qualifier les autres comportements d'irrationnels. Reprenons un autre jeu du mille-pattes dans les expériences recensées par Camerer :

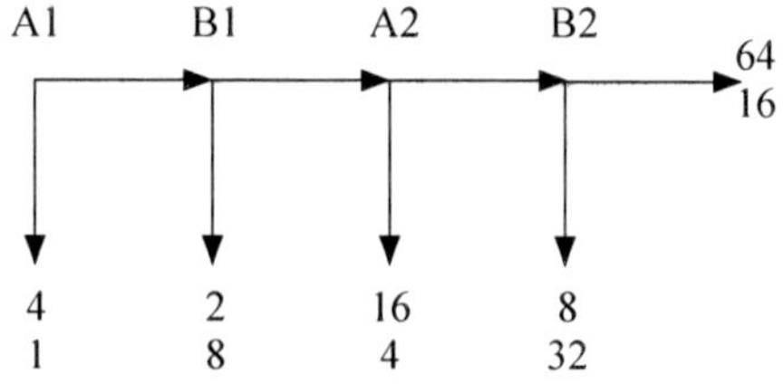

Les résultats expérimentaux révèlent que les probabilités d'arrêter le jeu à chaque tour (si ce tour est atteint) sont en moyenne les suivants : 7 % au premier tour, puis respectivement 40 %, 66 %, 78 %. Autrement dit, 93 % des agents passent la main au premier tour, et près d'un quart d'entre eux le font encore au dernier tour ! Essayer de comprendre en quoi *tous* ces comportements sont rationnels semble la seule attitude correcte. Des comportements se produisant de façon aussi massive et régulière ne sauraient être déclarés irrationnels au nom d'un principe de raisonnement aussi abstrait que la rétroduction. Comme dans le cas des jeux à actions simultanées, nous soutenons donc que les comportements d'arrêt de jeu et de passage de main devraient pouvoir être considérés *presque à chaque tour* comme rationnels et même comme le produit d'un type unique de rationalité.

Comme dans le cas précédent, on peut fabriquer un modèle fondé sur un ensemble d'équipes (ou de types) possibles, flanquées de probabilités représentant les pourcentages respectifs d'identification de cet agent à chaque équipe. On voit immédiatement pourquoi la coopération pourra ainsi être expliquée. Si l'individu jouant en dernier à une probabilité suffisamment élevée de s'identifier au groupe, il choisira de ne pas stopper le jeu au dernier tour (puisque la somme finale sera alors globalement plus importante). Puisqu'il n'est plus certain de cet arrêt au dernier tour, l'individu précédent ne sera pas forcément conduit à stopper lui-même, et ainsi de suite. Puisque s'identifier à un groupe rend l'action du dernier tour incertaine, le raisonnement par rétroduction ne peut plus aboutir à l'arrêt du jeu dès le premier tour.

Cependant, adopter un tel cadre dynamique a des conséquences imprévues. Lorsque les actions sont simultanées, les individus s'identifient à une équipe (ou non) une fois pour toutes avant de choisir leur action. Mais dans le cas d'actions successives, rien n'assure qu'ils s'identifieront à la même équipe à chaque tour – d'autant plus que l'identification de groupe n'est pas fondamentalement rationnelle. Or des résultats expérimentaux montrent que ce cas de figure peut se produire. Dans sa revue des facteurs influant sur le taux de coopération dans les dilemmes sociaux[1], Dawes faisait déjà en 1980 une hypothèse intéressante (déjà mentionnée plus haut) qui semble n'avoir jamais été reprise : il arrive que les individus affrontant un dilemme social comprennent assez mal la situation à laquelle ils font face et ne remarquent pas l'existence d'un possible bénéfice mutuel. Ils ne saisissent pas la dimension sociale, ou collective, de la situation. Les individus qui coopèrent davantage sont précisément ceux qui comprennent le mieux la nature de cette situation.

Ces observations rendent manifeste un trait important du comportement coopératif par identification de groupe. Jusqu'alors, nous avons supposé que l'ensemble des équipes possibles, donné au départ, était de connaissance commune. L'observation précédente

1. R.M. Dawes, « Social dilemmas », *Annual Review of Psychology*, 31, 1980, p. 169-193.

suggère que ce n'est pas le cas : différents individus peuvent considérer différentes équipes comme possibles. Autrement dit, l'*identification* à un groupe serait secondaire et ne viendrait qu'après une phase de *perception* des groupes possibles.

Formellement, on devra donc introduire, en plus des probabilités d'identification de groupe, des probabilités de perception de groupe. Dans les situations à actions successives, apparaît désormais un nouveau phénomène : *les actions d'un individu pourraient révéler à autrui l'existence d'un groupe qu'il ne soupçonnait pas*. C'est un changement important. Par exemple dans le jeu du mille-pattes, supposons que B, qui joue au second tour, n'ait pas perçu l'existence d'un objectif collectif. De son point de vue, seules les raisons individuelles d'agir existent, il s'attend donc à un dénouement conforme à la rétroduction – A devrait stopper au premier tour. Mais lorsque A laisse la main, ses raisons d'agir deviennent évidentes pour B qui comprend que le jeu contient un objectif collectif pour l'équipe AB. Face à une action de A qui semble à première vue irrationnelle, B réalise qu'il avait négligé de prendre en compte certaines raisons d'agir.

On peut donc distinguer deux types d'irrationalité : une irrationalité absolue, ou objective – lorsqu'une action a été accomplie sans raison identifiable – et une irrationalité relative, ou subjective, et temporaire – lorsque l'individu observateur n'avait au départ pas conscience des raisons d'agir justifiant l'action observée. Chaque individu possède une liste d'équipes possibles, qui fournissent un *stock de raisons d'agir* possibles, grâce auxquelles il interprète les actions d'autrui. Lorsque sa liste ne suffit pas, il y ajoute les raisons qui permettent d'expliquer le comportement observé. Autrement dit, face à une action d'autrui apparemment incompréhensible, les individus en cherchent les éventuelles raisons plutôt que de conclure à son irrationalité.

On peut alors imaginer des cas relativement complexes, dans lesquels ce n'est pas l'identification d'un individu à une équipe qui rend manifeste une raison d'agir en faveur d'un groupe, mais son action, parce qu'elle n'est explicable que s'il a pris en compte l'existence de telles raisons d'agir. Je peux prendre conscience de l'intérêt collectif d'une équipe en m'apercevant qu'autrui s'y est identifié mais aussi en estimant qu'il a nécessairement pensé qu'un autre agent pourrait s'y identifier. Plus concrètement, je peux penser à l'existence d'un complot soit en surprenant l'action d'un comploteur qui rend manifeste son intention, soit en observant le comportement d'un tiers qui ne peut s'expliquer que s'il croit à l'existence d'un tel complot.

Ce phénomène de perception de nouveaux groupes n'explique pas seulement comment des individus peuvent interpréter de façon rationnelle certains comportements qui leur paraissaient d'emblée inexplicables. Il permet également d'expliquer que le comportement coopératif peut paraître « contagieux », non en raison d'un mécanisme d'imitation mais de façon tout à fait rationnelle. Lorsque le comportement d'un individu rend visible un groupe qui n'avait pas été perçu auparavant, les autres peuvent non seulement recourir à ce groupe pour expliquer certaines actions observées, mais ils ont désormais également la possibilité de s'y identifier à leur tour. Ayant remarqué l'existence d'un bénéfice mutuel, un individu pourra tenter de participer aux tentatives visant à l'atteindre. Agir coopérativement augmente les chances qu'autrui comprenne l'existence d'un bénéfice mutuel *et qu'il se mette à coopérer à son tour*. Agir pour un certain groupe fait apparaître cette possible raison d'agir chez autrui, qui est alors libre de la faire sienne. Si l'identification de groupe est fondamentalement irrationnelle, la perception de groupe ne l'est pas nécessairement et peut permettre de comprendre l'apparition de comportements coopératifs en l'absence de tout mécanisme d'imitation ou de réciprocité.

Cependant, on ne saurait expliquer ainsi la totalité de la coopération dans un jeu sous forme extensive. Par exemple, dans le jeu du mille-pattes, l'action coopérative de l'individu au premier tour suffit à rendre saillant une fois pour toutes le bénéfice mutuel final, si bien que les actions suivantes n'auront plus d'influence sur la liste des équipes perçues par les agents.

Équipes et rationalité limitée

Le tableau dépeint dans la section précédente pourrait sembler irréaliste. En effet, les individus ont désormais des stocks de croyances sur les équipes possibles qui évoluent de façon monotone : ils ne peuvent que croître au cours du temps. Or on ne saurait s'attendre à ce que des individus fassent des raisonnements de plus en plus complexes, envisageant toujours davantage de possibilités sans en oublier, en négliger ou en éliminer une seule. Si les stocks de raisons d'agir ne peuvent qu'augmenter, la complexité des calculs d'utilité que font les agents finira par dépasser leurs capacités cognitives. Il existe cependant des mécanismes par lesquels les stocks de raisons d'agir pourraient aussi décroître.

Au moins trois mécanismes, compatibles entre eux, pourraient permettre d'expliquer un tel phénomène. Premièrement, on pourrait soutenir qu'un agent aura tendance à négliger ou à cesser de prendre en compte des raisons qui ne sont jamais utilisées. Si aucun individu ne semble s'être identifié à une équipe donnée pendant une certaine période, elle pourrait être effacée de la liste, que ce soit en raison d'un oubli ou d'une décision de l'individu. Nous tendons à cesser de prendre en compte les hypothèses qui se révèlent inutiles pendant une période prolongée.

Un deuxième mécanisme, plus prometteur, se fonderait cette fois sur le fait que si l'existence d'un groupe n'est perceptible qu'au sein d'un jeu, il cesse d'être une raison d'agir dès qu'*un certain nombre* de ses membres n'ont pas agi pour lui lorsqu'ils en avaient l'occasion. Le premier mécanisme est donc une version faible de celui-ci, qui mènerait à considérer qu'un groupe potentiel n'existe pas, et doit donc être effacé du stock de raisons de chaque agent, si *tous* ses membres potentiels qui ont eu l'occasion d'agir ont choisi des actions incompatibles avec l'intérêt du groupe. Au contraire, la version la plus forte suivrait l'idée que si *un seul* individu ne participe plus au groupe, il en est exclu, et les autres membres n'agissent ensuite plus pour le même groupe. L'adoption de cette règle d'actualisation mènerait à une diminution conséquente des stocks de raisons d'agir, ou du moins éviterait leur inflation systématique.

Enfin, c'est une banalité que de remarquer que nous jugeons fréquemment de l'existence ou la viabilité d'un groupe à travers la réussite de ses actions collectives. Des personnes joignant leurs forces pour accomplir une tâche commune se sépareront aisément si elles échouent. On peut ainsi envisager une règle fondée sur l'atteinte d'un objectif collectif, ou d'un bénéfice mutuel. L'existence d'un tel bénéfice est ce qui peut rendre un groupe saillant ; l'échec à l'atteindre devrait pouvoir mener à la disparition du groupe comme raison d'agir. La règle consisterait alors à effacer un groupe des stocks de raisons d'agir lorsque l'objectif collectif de ce groupe n'a plus aucune chance d'être atteint.

CHAPITRE V

UNIFICATION

UNE FORME RÉPANDUE DE COOPÉRATION

Les chapitres précédents nous permettent de former l'ossature d'une définition de la coopération minimale, c'est-à-dire d'une coopération se produisant lorsque des individus inconnus ou isolés interagissent pour une occasion ponctuelle. Le comportement coopératif éventuel de certains d'entre eux s'explique alors de la façon suivante[1] :

- Les individus perçoivent l'existence de certains bénéfices mutuels.
- Ces bénéfices déterminent la liste des groupes auxquels les individus pourraient s'identifier.
- Les individus tirent du contexte et de leur histoire personnelle une estimation des tendances de chacun à percevoir ces groupes et à s'y identifier.
- Chacun vérifie qu'il existe un équilibre dans lequel agir en vue d'atteindre le bénéfice mutuel est bien un choix rationnel, compte tenu des identifications incertaines d'autrui.
- Chaque individu s'identifie à une certaine équipe.
- Chacun choisit son action individuelle, c'est-à-dire sa part dans la meilleure action collective de l'équipe à laquelle il s'est identifié.

Mais ce type de coopération est-il vraiment répandu ? Les cas d'interaction unique entre individus anonymes et isolés ne sont-ils pas extrêmement rares et mineurs ?

1. Les étapes n'ont bien sûr pas à être clairement séparées dans le temps, ni même consciemment ressenties comme telles par les individus.

La différence principale de cette forme de coopération avec des exemples plus communs est que l'identité des participants n'y est pas connue de tous – et *a fortiori* n'est pas de connaissance commune. Or l'incertitude sur l'identité des participants se rencontre dans de nombreux cas, par exemple celui d'une manifestation.

Imaginons des individus qui se demandent s'ils vont se rendre ou non à une manifestation, sachant que l'intérêt du groupe concerné (une association, ou un parti politique) est qu'elle soit un succès, et que l'intérêt individuel de chacun est de rester chez soi : je peux m'épargner l'effort de la participation et profiter tout de même des effets positifs de la manifestation, par exemple l'adoption de revendications, si elle est un succès. Dans un tel cas, le type de raisonnement fait par les individus correspond à la forme décrite ci-dessus : s'ils s'identifient au groupe, ils iront participer ou non en fonction de la participation estimée des autres, c'est-à-dire sur la base de la tendance *a priori* des participants potentiels à s'identifier au groupe – à faire passer le bien du groupe concerné avant leur intérêt individuel. Cette tendance sera estimée en fonction de paramètres multiples, certains internes à la situation (rapports des gains en cas de succès ou d'échec, etc.), d'autres externes (comme le succès d'actions de ce même groupe par le passé) et enfin d'autres échappant à la représentation par un jeu (comme l'attraction pour un groupe due aux tendances et goûts subjectifs de chaque agent).

La coopération minimale se rencontre donc en particulier (mais pas seulement) dans ce qu'on peut appeler des *actions de masse*. En effet, plus les participants potentiels d'une action coopérative sont nombreux, plus il est plausible qu'ils ne se connaissent pas d'avance. Les sections suivantes discutent plusieurs exemples d'actions de ce type.

Publicité et produits sociaux

La pertinence de cette forme minimale est évidente dans un exemple proposé par Chwe[1], dont la thèse est que l'un des buts de la publicité télévisée est de créer de la connaissance commune

1. M.S.-Y. Chwe, *Rational Ritual. Culture, Coordination and Common Knowledge*, Princeton, Princeton University Press, 2001.

au sein du groupe de téléspectateurs. La finale du SuperBowl est l'événement le plus massivement regardé de l'année – autrement dit un événement extrêmement public : quand il a lieu, chacun des spectateurs sait qu'une portion considérable d'autres américains y assiste également. Or Chwe remarque ensuite que les produits présentés lors des spots publicitaires sont en majorité des *produits sociaux*, c'est-à-dire des produits que l'on préfère consommer *si l'on sait que d'autres les consomment également.* Il est par exemple préférable d'avoir un ordinateur de la même marque que les autres pour des raisons de compatibilité (toutes choses étant égales par ailleurs). Dans ce cas, acheter un produit donné plutôt qu'un autre est une action coopérative (certes très particulière) : il semble préférable du point de vue de la population que le plus d'individus possible achète le même produit. Il s'agit donc d'un problème de coordination : plusieurs options équivalentes étant disponibles, les individus souhaiteraient choisir la même sans se concerter par avance. À première vue, dans le cadre d'un problème de coordination, la publicité contribue à rendre l'une des options plus remarquable que les autres afin d'augmenter les chances que tous la choisissent. Mais on peut également regarder la situation comme un problème de *coopération* si l'on note que chaque individu a évidemment la possibilité de n'acheter *aucun* des produits disponibles. Ce que fait la publicité, c'est alors plusieurs choses à la fois :

- rendre un produit visible, et par conséquent rendre notable une façon d'atteindre un bénéfice mutuel;
- si elle présente le produit comme « social[1] », favoriser la perception par chacun de l'existence du groupe, voire son identification; c'est-à-dire contribuer à augmenter la tendance de chacun à percevoir le groupe et à s'y identifier;
- enfin, du fait que la publicité est (évidemment) publique à un haut degré en raison de sa diffusion au cours d'un événement lui-même public, elle rend cette augmentation des tendances de connaissance commune.

1. Il suffirait pour cela que le spot montre par exemple un groupe de gens heureux de consommer le produit ensemble.

On peut donc soutenir que la diffusion au cours d'un événement médiatique d'une publicité pour un produit social est un outil favorisant la coopération et que c'est pour cette raison qu'elle peut avoir pour conséquence l'achat de ce produit par des spectateurs de l'événement.

Mais s'agit-il encore de coopération dans de tels cas ? N'est-ce pas plutôt un phénomène plus faible, une sorte d'intermédiaire entre l'action collective et la coopération, dans laquelle les individus tiennent compte les uns des autres, mais pas au point qu'ils puissent être considérés comme agissant réellement *ensemble* ?

Il semble toutefois que l'on puisse encore parler de coopération si l'on admet que certains produits seront de préférence consommés, à condition que suffisamment d'autres les consomment également, *et ce parce qu'il est globalement souhaitable qu'un même produit de ce genre soit consommé*. Il est certes difficile de considérer ce résultat comme un bénéfice mutuel dont l'existence serait de connaissance commune au sein des agents. En premier lieu, il est particulièrement artificiel et volatil : il n'existe que pour ceux que la publicité convainc de la supériorité (en valeur absolue ainsi qu'au niveau social) du produit présenté. Il n'est pas préexistant à la publicité, c'est elle qui le suscite et en entraîne la perception. Il n'est pas le résultat d'une construction collective concertée entre les individus. Il n'en reste pas moins qu'il s'agit d'un bénéfice mutuel car *la façon dont un bénéfice mutuel est perçu ne saurait influer sur sa nature*. En second lieu, on objectera encore les cas dans lesquels les consommateurs se focalisent sur un même produit social sont rares. *Mais la rareté de l'accomplissement d'une action coopérative ne préjuge pas davantage de sa nature*, plutôt de sa difficulté. Or il s'agit bien d'une coopération difficile : la publicité est un facteur favorisant d'une force toute relative ; les produits ainsi signalés sont multiples et variés ; les événements aussi publics que le SuperBowl ne sont pas pléthore ; enfin, même en admettant le concept de produit social, le bénéfice tiré d'une coopération réussie n'est pas immensément supérieur au gain en cas d'échec – la satisfaction de boire la même bière que ses compagnons ne revêt vraisemblablement que peu d'importance.

Buts collectifs

Nous avons signalé à maintes reprises l'importance de la présence d'un bénéfice mutuel. Dans les définitions, l'existence d'un bénéfice mutuel fait partie des présuppositions de la coopération (cf. le chapitre I). Dans les explications, c'est la perception de ce bénéfice qui permet la perception des groupes possibles, et donc leur identification. Nous parlerons désormais de but ou d'objectif collectif pour désigner cet élément de la coopération. Un bénéfice mutuel constitue un but collectif potentiel pour un groupe donné. S'il est perçu par un individu, celui-ci peut alors adopter le but, ce qui correspond à son identification au groupe. Cette interprétation ne tombe pas du ciel : des expériences montrent que l'identification d'un individu à un groupe est caractérisée par une *transformation de ses objectifs*[1]. L'individu passe de motifs individuels à un but collectif, ce qui entraîne une modification de ses préférences. L'identification de groupe avait été représentée en théorie des jeux par le changement de type, c'est-à-dire de préférences d'un individu, les raisons de ce changement restant inexpliquées. Le recours à un concept d'objectif collectif rend cette analyse cohérente.

Nous avons déjà noté qu'il existe une similitude troublante entre la structure des définitions de la coopération, ou des intentions collectives, et celle des équilibres de théorie des jeux. Notamment, pour toute définition assez forte, avoir une intention collective de coopérer semble impliquer d'agir selon un équilibre de Nash. Or, en général, lorsqu'il existe un bénéfice mutuel, il ne correspond pas à un équilibre de Nash. Autrement dit, pour que l'on puisse parler de coopération, les croyances et intentions des individus doivent être mutuellement stables; or dans un dilemme du prisonnier, par exemple, le résultat collectivement optimal est justement instable. Il semble que les individus ne pourraient y coopérer (au sens philosophique du terme) que s'ils se dénoncent mutuellement! Cela signifie-t-il que l'on ne peut jamais coopérer pour atteindre un bénéfice mutuel, et que les définitions de la coopération sont radicalement fausses?

1. D. De Cremer, M. Van Vugt, « Social identification effects in social dilemmas. A transformation of motives », *European Journal of Social Psychology*, 29, 1999, p. 871-893.

C'est précisément le concept d'objectif collectif qui permet de résoudre cet apparent paradoxe, dont les philosophes de la coopération comme Tuomela sont parfaitement conscients. Le principe est que seules *certaines* combinaisons d'actions, celles qui font partie d'un but collectif, sont en principe compatibles avec le comportement coopératif. Les détails de ce but sont cependant laissés dans l'ombre, même si celui-ci doit au moins impliquer un bénéfice mutuel. On échappe ensuite à la critique selon laquelle toute coopération devrait correspondre à un équilibre de Nash en stipulant que les préférences *réelles* des agents ne sont pas celles du jeu de départ : l'adoption du but collectif transforme les préférences initiales en préférences finales. Le mécanisme d'identification de groupe, la modification des préférences et le concept de but collectifs se trouvent ainsi intégrés dans un tout cohérent et constituent la jointure entre définitions et explications de la coopération.

Dans le cas d'interactions uniques, anonymes et sans communication, on dira qu'un bénéfice mutuel constitue un objectif collectif *émergent*. Il n'est évidemment pas choisi ni collectivement construit par les individus. Il est cependant perceptible et même remarquable. Toute situation contenant un bénéfice mutuel sera dite *potentiellement coopérative*, en ce sens qu'elle contient au moins un but collectif émergent et offre donc des opportunités de coopération. Autrement dit, la donnée initiale des préférences des individus devrait permettre de *tamiser* l'ensemble des combinaisons d'actions pour déterminer celles qui peuvent participer à une action coopérative. Le tamis étant la définition formelle d'un objectif collectif, qui n'est autre que celle d'être un bénéfice mutuel[1]. La possibilité même de parler de coopération entre agents (qu'elle soit passée, présente ou future) *présuppose* que l'on ait déterminé de quelles actions elle peut être constituée.

1. L'existence d'un bénéfice mutuel est en réalité nécessaire à celle d'un objectif collectif émergent, mais pas suffisante. En donner une définition précise demanderait une discussion longue, détaillée et technique qui sort des limites de ce livre. Admettons simplement qu'il est possible d'obtenir une définition claire permettant de dire, dans toute situation, si elle contient un objectif collectif émergent ou non.

Foules-éclair

Nous allons maintenant suggérer que la présence ou l'absence d'un objectif collectif est précisément ce qui sépare les cas de coopération minimale de ceux de non-coopération. Ainsi, reformuler l'analyse en termes de buts collectifs constitue un pas majeur en direction de l'unification des définitions et des explications de la coopération. L'analyse de l'exemple de la publicité et des produits sociaux a déjà suggéré que les buts collectifs y jouent un rôle central : il est indispensable que les consommateurs pensent que la consommation généralisée du produit est préférable pour le groupe. Un exemple supplémentaire confirmera cet argument.

Tuomela, discutant certains cas d'actions collectives faibles qui possèdent une dimension collective sans toutefois pouvoir être qualifiées de coopératives, décrit la situation suivante[1] : dans une ville, les jeunes filles préfèrent s'habiller de la même façon, en portant des minijupes. Il s'agit manifestement d'une action collective fondée sur l'imitation et la croyance de chacune qu'un nombre minimum d'autres filles s'habille probablement de la même façon. Ce qui différencie ce cas de l'exemple des produits sociaux est l'absence d'un but collectif. Les jeunes filles cherchent simplement à se coordonner, sans estimer pour autant qu'être toutes habillées de façon semblable est bénéfique au groupe. Mais il suffirait que les jeunes filles agissent de la sorte *afin de favoriser le groupe*, par exemple dans le but de manifester davantage la présence du groupe dans la ville, pour que l'action devienne coopérative. Sinon, on a seulement affaire à ce que Tuomela appelle une action collective parallèle. Autrement dit, toutes choses étant égales par ailleurs, et notamment pour des relations également distantes entre les individus : *qu'il y ait ou non-coopération dépend de la présence ou de l'absence d'un but collectif.* Le concept de but collectif est donc un élément nécessaire de la coopération.

On pourrait cependant objecter que ces cas d'interactions anonymes ont été décrits de manière encore trop idéalisée. Par exemple, une manifestation est en réalité un phénomène dynamique où la communication préalable entre les individus joue souvent un

1. R. Tuomela, *The Philosophy of Sociality. The Shared Point of View*, *op. cit.*

grand rôle. Pourtant un dernier exemple, plus convaincant, montre qu'il n'en est rien. Il y a quelques années est apparu un phénomène social appelé « foule-éclair »[1] : dans un lieu public, un groupe d'individus se forme ; ils accomplissent au même moment une action identique, avant de se disperser aussitôt. L'une des particularités de ces événements est que les individus ne se connaissaient pas nécessairement auparavant : ils auront lu sur un site Internet, ou reçu électroniquement, les instructions, puis choisi de participer. L'action en question est toujours gratuite (le succès de l'action est le seul bénéfice des participants), et les individus agissent sans avoir besoin de communiquer entre eux. Par exemple, fin 2003, des personnes se sont assemblées dans le hall du Louvre, se sont simultanément mises à téléphoner en marchant, avant de s'arrêter, de claquer des mains vers le ciel, et de se disperser. Les foules-éclair sont un cas d'école de coopération minimale : lorsque les individus décident ou non de participer, ils ignorent l'identité et le nombre des autres participants. Ils ne peuvent fonder leur décision que sur la source du message – Est-elle suffisamment publique ? Combien de personnes ont lu le message ? Quelles sont les chances qu'un lecteur quelconque décide de participer ? – ainsi que sur la réussite passée de tels événements (plus le phénomène des foules-éclair devenait connu, plus les actions ont eu de participants et d'impact).

Les foules-éclair sont des phénomènes d'action collective, mais surtout de coopération. Le but de l'opération est de produire un effet perceptible massif. Un participant arrivant sur les lieux et ne voyant aucun autre participant potentiel renoncerait sans doute à cancaner, seul au milieu de la foule, avant de jeter un canard en plastique dans une fontaine… un but recherché est précisément l'étonnement des passants devant une action subite, dont le début, le déroulement et l'arrêt paraissent sans cause, et sans signification. On pourrait cependant contester la valeur de cet exemple : le message d'origine contenant les instructions semble témoigner d'une organisation qui contredit l'aspect « émergent » de l'action collective. En réalité, le message initial joue un rôle simple et qui

1. Traduction du terme anglais consacré de « flash mob ».

s'inscrit dans notre cadre : il décrit la nature de l'action coopérative. Les lecteurs auront ensuite à faire un choix élémentaire : suivre les instructions (coopérer) ou non. Quant aux éventuelles interactions sur place entre individus se reconnaissant, elles ne rendent pas la situation plus complexe. L'action coopérative consiste d'abord à venir ou non; elle ne pourrait pas avoir lieu si les participants présents étaient trop peu nombreux.

L'intuition de la coopération

Davantage que les précédents, l'exemple des foules-éclair met en évidence les raisons pour lesquelles il est difficile de se décider à parler de coopération pour de tels cas. Il existe deux catégories de problèmes de choix auxquels un agent peut faire face : les problèmes de décision et les problèmes d'interaction. Dans les premiers, l'agent doit faire un choix face à la nature : la présence de l'agent n'a pas d'influence sur les événements, qui sont extérieurs. La résolution de tels problèmes est du ressort de la théorie de la décision. Dans les problèmes d'interaction, plusieurs agents étant en présence, la situation à laquelle fait face un agent dépend de la façon dont il est perçu par les autres. Il peut leur donner des informations, ou en recevoir. Surtout, sa stratégie rationnelle doit posséder certaines vertus de stabilité : elle dépend des autres, qui dépendent d'elle. L'ensemble des stratégies envisagées doit donc former un tout cohérent. C'est ce que décrivent les notions d'équilibre en théorie des jeux.

Dans les situations qui nous intéressent, modélisées par des jeux non répétés sous forme normale, la communication et l'échange d'information sont absents, ce qui élimine la première forme de rapport avec autrui. Quant à la façon de choisir une stratégie, elle se rapproche du raisonnement tenu dans un problème de décision, particulièrement quand le nombre d'agents est élevé : un agent ne fondera son raisonnement que sur son estimation de la tendance d'autrui à s'identifier à des équipes, inférée à partir du degré de publicité apparent de l'objectif collectif. Autrement dit, la réflexion sur la participation d'autrui se trouve assez sèchement rapprochée de la simple analyse d'un aspect concret de la situation. C'est ici que nous situons la cause de la difficulté à penser ce type de situation en termes de coopération. Selon nos intuitions fondamentales, coopérer semble avant tout agir de concert avec une autre personne, qui nous fait face et à laquelle on adapte son action ; c'est une pleine situation d'interaction. Le cas d'un ensemble d'agents décidant de participer après avoir chacun résolu un problème individuel de quasi-décision se rapproche d'une conception mécaniste du fonctionnement d'un groupe : tels des automates, les agents appliquent presque une routine de décision qui inclut autrui dans un environnement régi par des forces étrangères.

La conception usuelle de la coopération est tributaire de la supposition d'une interaction préalable entre les individus, qui seule leur permettrait d'avoir quelque chose « en commun », d'acquérir les croyances justifiées sur les autres participants, voire de produire des engagements, des promesses, des accords. Il serait ainsi nécessaire à la coopération qu'ait eu lieu un échange ou une interaction, qu'aient été jetées les bases minimales d'une coordination possible. Tuomela défend une conception de ce genre, en situant le cœur de la coopération dans la construction collective, préalable à l'action, des objectifs communs. Comment prétendre que des individus ont « agi ensemble » alors qu'ils n'ont partagé ni plan d'action, ni signes tacites de leur bonne volonté, qu'ils ne se sont pas vus et ne se connaissent même pas ?

Notre réponse est que ces individus ont des choses en commun, mais qu'elles ne proviennent pas d'interactions préalables. Par exemple, la connaissance qu'ils ont de leur capacité à s'identifier à des groupes et à raisonner sur la base de ces identifications est implicite. Elle correspond à des éléments automatiques, qu'ils soient innés ou acquis, de la cognition humaine. Il est faux de dire que les participants n'ont aucune information les uns sur les autres. Ils ont par exemple au minimum connaissance de l'ensemble commun auquel appartiennent les participants potentiels : groupe politique pour la manifestation, téléspectateurs d'un certain niveau de vie pour les produits sociaux, habitants du même pays, etc. Ces connaissances n'ont pas été acquises directement par un biais perceptif mais inférées explicitement ou implicitement. Si, dans l'exemple de la manifestation, suffisamment d'individus participent, il est acceptable de parler de coopération : ils ont agi pour la même « bonne » raison fondamentale (l'intérêt du groupe), et ont estimé la force des raisons d'agir des autres membres potentiels. Certes, les liens existant entre les individus sont plus abstraits et formés d'une autre façon que dans les cas classiques ; mais ils existent bel et bien.

Coopération indirecte

Reste à résoudre un dernier problème : celui de la connaissance commune. Qu'un événement soit de connaissance commune au sein d'un groupe présuppose que les identités de ses membres soient connues, même dans le cas de la connaissance commune réaliste définie au chapitre II. Peut-on conserver un concept de connaissance commune, nécessaire aux définitions de la coopération, dans le cas d'interactions entre inconnus ?

Nous avons précédemment introduit et discuté la notion de connaissance commune indirecte[1]. Alors que la connaissance commune classique provient d'un événement *public*, la connaissance commune indirecte est issue d'un ensemble d'événements *typiques*. Elle permet de décrire le statut de la masse considérable d'informations qui peuvent être de connaissance commune entre des agents ne s'étant même jamais rencontrés. Or l'analyse de la connaissance commune indirecte est étonnamment proche de celle de la connaissance commune classique et s'obtient au prix de modifications mineures. Nous avons soutenu que ces deux notions étaient de très proches parentes. La différence entre les deux concerne l'origine des sources des connaissances des agents : un même événement suffisamment public, ou des événements disjoints mais suffisamment semblables. La publicité, prise en un sens contemporain, mêle d'ailleurs ces deux aspects : la publicité d'un produit ou d'une marque, par exemple, n'est généralement pas assurée par une affiche, ou un spot unique dans des conditions exceptionnelles de rassemblement, mais par une série d'affiches

1. Voir le chapitre II.

et de spots, présents sur des supports multiples et répétés dans le temps; autrement dit, sur des événements semblables distribués[1].

La connaissance commune affaiblie ne doit pas être seulement indirecte, elle doit aussi être *conditionnelle*. C'est cette condition qui nous permet de nous débarrasser de la connaissance nécessaire des identités des individus. La connaissance commune conditionnelle peut être définie très simplement. À la place d'une condition comme « l'individu I a des raisons de croire que E et la situation lui indiquent qu'autrui a des raisons de croire que E », il suffit d'avoir « Si I est un membre du groupe G, il a des raisons de croire E, et la situation lui indique qu'autrui a des raisons de croire E s'il est également membre de G ». Autrement dit, il s'agit d'une notion de connaissance commune relative aux membres d'un groupe, qui en raison de la nature de ce groupe possèdent des informations sur ce que les autres membres savent sans avoir besoin de connaître leur identité. Chacun, sans aucune information directe sur la connaissance d'autrui, sait toutefois certaines choses que quiconque faisant partie d'un certain groupe devrait savoir.

La connaissance commune indirecte et conditionnelle est encore de la connaissance commune, bien qu'affaiblie. Nous faisons un constat semblable en ce qui concerne la coopération en décidant d'y inclure les phénomènes comme les manifestations ou les foules-éclair. Certes, les agents n'ont alors aucune information directe sur les autres participants. Leurs sources d'information sont indirectes, et le degré apparent de publicité (au sens large) de ces sources joue un rôle crucial, permettant aux agents d'estimer le nombre de participants potentiels, et parmi eux le nombre de participants qui adopteraient le but collectif potentiel. Il en va de même pour une interaction unique : un bénéfice mutuel marquant est public à un certain degré, et le savoir que les autres joueurs font face à la même situation peut constituer une base suffisante au succès de la coopération.

Il ne s'agit donc pas seulement pour nous de défendre une notion intuitive de coopération, qui pourrait sembler gratuite à celui qui n'a

1. L'exemple de Chwe d'un spot télévisé unique pendant un événement massivement regardé est plutôt l'exception que la règle.

pas cette intuition ; mais de la justifier par sa proximité conceptuelle avec les versions plus traditionnelles. Retirer de la coopération la connaissance directe des autres participants est certes un frein à l'efficacité que le groupe pourrait atteindre, mais cela ne modifie pas radicalement la nature de la coopération lorsqu'elle réussit. Les croyances et intentions des agents sont simplement *fondées* de façon différente – sur la base d'indices indirects. On peut avoir affaire à de la coopération même lorsque l'interaction physique préalable est nulle et que la communauté résulte d'événements distribués, éparpillés au cours de l'existence des uns et des autres, mais suffisamment évidents ou publics pour qu'ils produisent la croyance que d'autres ont eu la même expérience. Bien entendu, il ne s'agit pas de la forme classique de la coopération et il est naturel qu'elle soit considérée comme plus faible.

Il faut parfois se méfier de l'intuition. S'il est compréhensible et même normal de douter que le phénomène qui nous intéresse est bien de la coopération, c'est parce qu'il s'agit d'une forme minimale de coopération, qui a vocation à nous rapprocher de conditions *nécessaires* à toute forme de coopération. Les définitions classiques ne rencontrent pas ce problème : partant d'exemples intuitivement convaincants de coopération, elles obtiennent ainsi des conditions *suffisantes*. Certes, ce que ces théories décrivent est indubitablement de la coopération ; mais concernent-elles toute la coopération, en identifient-elles le principe fondamental ? Tous en doutent. En recherchant une forme minimale de coopération, il est naturel de se rapprocher de la limite séparant la coopération de la simple action collective. Il n'est pas inconcevable que l'intuition, en atteignant sa limite d'acuité, ait davantage de difficultés à discriminer au niveau de détail nécessaire à l'analyse. Autrement dit, *l'appréhension de la limite inférieure de la coopération se situe aux limites de l'intuition*. Cependant, les exemples et l'analyse qui précèdent suggèrent que les situations minimales comportent encore les caractéristiques fondamentales de la coopération.

Un auteur comme Tuomela livre tout un arsenal de définitions, allant d'actions collectives faibles en deçà de la coopération à des formes extrêmement fortes de coopération. Là où la majorité des auteurs se contente d'indiquer d'une croix l'emplacement de leur concept de coopération, Tuomela a entrepris d'établir un relevé topographique exhaustif des actions collectives, notant à l'occasion que certaines terres sont émergées, d'autres immergées, et se concentrant sur la description du pic le plus élevé du territoire (la forme de coopération la plus pure). Notre objectif consiste à ajouter au tableau l'indication du niveau de la mer (la coopération minimale), dont dépend la forme des continents.

UNE DÉFINITION MINIMALE DE LA COOPÉRATION

Coopération et rationalité

Avant de construire nos définitions, arrêtons-nous un instant sur le rôle qu'y joue la rationalité. Dans les analyses existantes de la coopération, la question de la rationalité coopérative – et de l'explication de la coopération en général – est souvent ignorée : définition et explication se développent indépendamment. Et lorsqu'elle ne l'est pas, comme chez Tuomela, la rationalité n'est qu'une propriété supplémentaire, possible mais non essentielle, d'une action coopérative. Dans les définitions par emboîtement, une fois définie la coopération, la coopération rationnelle est obtenue par le simple ajout de clauses supplémentaires.

La rationalité joue au contraire un rôle essentiel dans la coopération minimale. La référence à des prises de décision rationnelle dans notre définition de la coopération se justifie de la façon suivante. Dans la « pleine » coopération de Tuomela, les buts collectifs sont collectivement construits : il est simple pour les agents de se concentrer sur un même objectif puisqu'ils l'ont évoqué ensemble. En l'absence d'interaction préalable, la présence de raisons apparentes d'agir conformément à un objectif devient cruciale pour estimer le degré auquel il va être adopté. Au départ, un agent percevant l'objectif sait seulement qu'il est susceptible d'être perçu par autrui en raison de sa saillance. Les raisons d'agir fondées sur le calcul d'utilité espérée prennent donc une ampleur considérable puisqu'elles constituent les *seuls indices supplémentaires* permettant d'estimer l'attractivité de l'objectif. Autrement dit, s'il n'existe aucun équilibre rationnel dans lequel l'objectif est réalisable, les raisons de chercher à l'accomplir faiblissent de façon dramatique. Dans la coopération maximale, les agents peuvent se communiquer promesses, accords ou plans d'action préalables, s'influencer et favoriser l'identification au groupe de façons multiples, et tout simplement interagir. Dans la coopération minimale, les buts collectifs sont tout juste visibles, les agents sont seuls et en proie à une incertitude généralisée concernant l'ensemble de la situation. Aussi est-il naturel que les raisons d'agir issues de la pensée rationnelle – que chacun peut élaborer et dont chacun sait qu'autrui le peut également – y jouent un rôle prépondérant.

Présenté de la sorte, l'argument reste cependant insuffisant : même si les considérations rationnelles constituent de bonnes raisons d'agir dans certains cas, elles restent une simple façon dont peuvent apparaître de telles raisons d'agir. Or ce sont ces dernières qui doivent figurer dans une définition, de façon à indiquer les liens de justification entre états mentaux ; mais la nature de ces raisons d'agir n'a pas à être imposée. Le véritable argument est en fait inverse : s'il n'était pas rationnel d'agir coopérativement dans une situation de forte incertitude, alors les agents auraient des raisons fortes de *ne pas agir* de la sorte – et surtout de penser qu'autrui ne va pas agir de la sorte. Autrement dit : sans une justification rationnelle de la coopération minimale, celle-ci serait impossible. La nécessité pour la coopération d'avoir une part rationnelle doit donc être vue comme la garantie de l'*absence de raisons déterminantes de ne pas coopérer*. Elle est précisément nécessaire à la coopération minimale parce qu'en l'absence de lien direct entre eux, les agents ne peuvent tirer d'autrui aucune bonne raison de coopérer. La présence d'une raison de ne pas coopérer suffirait donc à désintégrer la coopération.

Un problème apparaît cependant si l'on fait explicitement appel à des calculs d'utilité espérée dans la définition de la coopération. Il n'est évidemment pas possible de spécifier dans une définition informelle tout le détail de ces calculs de maximisation que les agents seraient censés accomplir. Les définitions classiques se contentent par exemple de mentionner qu'une intention est formée partiellement en raison d'une autre intention, sans stipuler si cette raison est fondée sur un calcul ou non. Toutefois, dans notre cas, puisque l'identification de groupe joue un rôle unificateur crucial, rassemblant buts collectifs et explication rationnelle, il paraît impossible de ne pas y faire référence dans la définition. Cela sera assuré en incluant les probabilités (propensions, ou tendances) de perception et d'identification de groupe.

Cependant, l'impossibilité de traduire informellement les calculs a également des conséquences souhaitables. D'une part, elle permet de ne pas exiger de capacités cognitives excessives chez les agents. La coopération minimale convient particulièrement à la description d'actions de masse dans lesquelles les agents impliqués sont nombreux; or il est peu plausible qu'ils se livrent à des calculs d'une telle complexité. Dans de tels cas, il est envisageable qu'ils utilisent des raccourcis, tel celui d'assimiler la probabilité de s'identifier à une équipe à la proportion des agents qui s'y identifieront certainement. Raisonner directement à partir d'estimations du nombre de participants est à l'évidence un moyen simple de prévoir le degré de succès ou d'échec d'une action coopérative. Il est donc souhaitable que le raisonnement des agents imposé dans les définitions soit décrit de façon assez lâche pour autoriser de tels raccourcis de calcul.

D'autre part, le fait que les agents ne perçoivent pas nécessairement les mêmes groupes semble diminuer les chances qu'ils coopèrent. Supposons que des agents s'identifiant à un groupe décident rationnellement de participer à l'action coopérative, mais sur la base de calculs différents, par exemple s'ils n'envisagent pas les mêmes identifications possibles pour autrui. Veut-on encore parler de coopération dans un tel cas? Nous pensons que oui. Il est suffisant que les agents perçoivent le groupe bénéficiaire. Dans un contexte d'incertitude extrême, imposer que les participants à une véritable action coopérative aient tous exactement la même perception de la situation reviendrait à exclure trop de cas légitimes de coopération. Il est suffisant que les agents s'identifient au bon groupe, perçoivent au moins un autre groupe possible pour autrui, et décide ensuite de participer. Ici encore, la référence au calcul précis que doivent mener les agents ne ferait que nuire à la coopération en en faisant un concept coupé de la réalité. Les raisons d'agir des agents doivent être suffisamment proches, c'est-à-dire qu'ils doivent être motivés par le groupe auquel ils s'identifient, mais on ne saurait exiger qu'ils aient exactement la même estimation de l'ensemble des raisons d'agir possibles d'autrui.

Coopération minimale

Tous les éléments nécessaires pour définir la coopération minimale sont désormais disponibles : objectif collectif, connaissance commune indirecte, identification de groupe, rationalité. La définition d'une action coopérative minimale conservera l'ossature de la démarche de Tuomela, c'est-à-dire qu'elle sera composée de la superposition de plusieurs définitions élémentaires. On donnera ainsi des définitions de versions affaiblies d'un objectif collectif, d'une intention de groupe puis d'une action coopérative.

On définit d'abord un *but collectif potentiel* : il ne peut y avoir de coopération si rien ne peut constituer un objectif collectif pour le groupe. L'existence d'un bénéfice mutuel fournirait par exemple cette possibilité. Un but collectif potentiel doit au moins être atteignable par les actions de plusieurs individus, être atteint simultanément pour tous, et son succès doit être préféré par tous à la situation où il n'est pas atteint. Il est difficile d'établir des propriétés plus précises. Notons simplement qu'un but peut être *préexistant* à l'interaction (par exemple dans le cas d'un groupe déjà formé), ou qu'il peut être *émergent* (découlant des gains individuels des individus).

Une *intention collective faible* existe quand des individus ont un but quelconque et ont l'intention d'agir pour l'atteindre. Pour cela, il faut donc que l'adoption de cette intention ne soit par irrationnelle, c'est-à-dire qu'il existe un calcul rationnel permettant de la justifier. Le but doit donc être justifiable à partir des tendances des individus à percevoir le groupe et à s'y identifier. Ces conditions doivent être de connaissance commune (indirecte et conditionnelle). Enfin, le but doit être effectivement adopté, en raison des conditions précédentes. Autrement dit, les individus doivent avoir choisi ce but parce qu'il est réalisable, non irrationnel et qu'ils ont des raisons de croire qu'autrui fera le même raisonnement s'il s'identifie au groupe. Le principe d'une intention collective faible est que les individus forment leur intention, en partie en raison du fait qu'ils estiment qu'autrui aura une certaine tendance à agir pour les mêmes raisons qu'eux, quelle que soit l'origine de ces raisons. But collectif potentiel et intention collective faible conviennent donc tout spécialement à la coopération anonyme, ponctuelle et sans communication.

On peut alors donner notre dernière définition. Les agents d'un groupe G *coopèrent minimalement* (avec succès) pour réaliser le but B si et seulement si :

1) Les membres de G peuvent réaliser B.
2) Les membres de G souhaitent réaliser B ensemble.
3) B est un but collectif potentiel pour G.
4) Les membres de G ont l'intention collective faible de réaliser B.
5) Les membres de G réalisent B en partie en raison de l'intention collective faible de réaliser B.

Il est nécessaire d'imposer par (1) que les membres de G sont assez nombreux pour accomplir B. (2) est également nécessaire mais demande un éclaircissement. Les agents ne se connaissant pas, comment peuvent-ils souhaiter accomplir quelque chose ensemble ? Dire que les membres de G souhaitent réaliser B ensemble ne signifie rien d'autre que : chaque membre de G souhaite que B ait été réalisé par des membres qui agissaient pour le groupe, c'est-à-dire pour de bonnes raisons. Cette condition traduit le fait que si un agent apprend que B a été réalisé par une coopération qui n'était qu'apparente, c'est-à-dire que certains participants avaient en réalité simplement essayé de faire croire qu'ils étaient coopératifs (pour mieux trahir au cours d'une interaction future), il n'y aurait pas eu coopération. Cela ne signifie cependant pas que la perception de la coopération par l'agent est nécessaire à la coopération, puisque seul le souhait que les choses se déroulent ainsi fait partie des conditions requises[1].

1. Cette analyse sera davantage détaillée dans les dernières sections de ce chapitre, lorsque nous aborderons la définition du concept naïf de coopération.

Un aspect important de notre définition est la prédominance du concept de but collectif. La définition de la coopération minimale est ainsi obtenue par la superposition de strates conceptuellement distinctes : un but collectif potentiel, auquel s'ajoute une intention collective faible, aboutit à la coopération minimale. Nos strates sont plus clairement séparées, puisqu'elles renvoient précisément à la structure tripartite de la coopération : le but collectif potentiel se situe tout entier au niveau des présuppositions de la coopération; l'intention collective faible en concerne les prémisses; et la coopération minimale en est naturellement la réalisation.

Dans les analyses classiques, un but, une fois sélectionné par le groupe, reste fixe. Ici, l'état d'incertitude généralisée dans lequel se trouvent les individus a pour conséquence qu'ils peuvent abandonner leur but en cas d'absence d'un équilibre de groupe le justifiant. Le rôle du but collectif s'étend donc à la coopération tout entière : il déclenche l'identification, sa saillance fonde les croyances de chacun, et c'est sa confirmation ou son abandon à la suite de calculs d'utilité espérée qui détermine l'action entreprise. Le but collectif constitue pratiquement la seule information publique que peuvent recevoir les agents, et est à ce titre essentiel. En ce sens, notre conception de la coopération minimale peut être qualifiée de *téléologique* (c'est-à-dire fondée sur le concept de but, ou d'objectif).

La coopération minimale n'est cependant pas une forme de coopération aussi faible qu'elle le paraît. La coopération pleine et entière correspondrait à ce que Tuomela nomme le mode de groupe, c'est-à-dire à la construction collective d'un objectif et à des agents agissant entièrement dans l'intérêt du groupe. Notre définition est manifestement trop faible pour correspondre à ce cas de figure. À l'autre extrémité, la coopération en mode privé concerne des agents agissant pour le groupe en raison de leur intérêt individuel. Par exemple, un agent dont la fonction d'utilité est altruiste, ou correspond à l'utilité d'un groupe, sera dans ce cas. Autrement dit, le mode privé est conceptuellement proche de la simple transformation de préférences, ce qui le rapproche de notre cadre. Notre définition est cette fois plus forte, puisqu'elle fait référence à un concept de but intrinsèquement collectif. Le fait que la coopération se situe donc à la limite entre mode privé et mode de groupe, c'est-à-dire entre une explication par des intérêts individuels et une explication par une interaction collective puissante, suggère qu'elle marque bien l'emplacement où la coopération humaine apparaît.

Il est temps de résumer les principes qui structurent et justifient notre définition de la coopération minimale. On peut les énumérer de la façon suivante :

– Notre définition place le concept général d'objectif collectif au centre de la coopération ;
– elle inclut l'explication rationnelle par identification de groupe ;
– elle distingue perception et identification de groupe ;
– elle a exclusivement recours à la connaissance commune conditionnelle et convient donc à des cas où les participants sont anonymes et ne peuvent se contacter ;
– elle fait référence aux préférences ou utilités des agents.

La coopération naïve

Avant le bilan final, cette dernière section est consacrée à certains problèmes récurrents concernant la définition de la coopération.

Une circularité inévitable ?

Les analyses usuelles de concepts collectifs rencontrent fréquemment deux types de problèmes de circularité. D'abord, certaines définitions des intentions collectives sont largement fondées sur des intentions conditionnelles, selon le principe suivant : l'intention collective pour un groupe G d'accomplir X équivaut à l'ensemble des intentions individuelles des membres de G d'accomplir leur part de X *si les autres font de même*. Se pose alors le problème de circularité suivant : je n'aurai l'intention d'accomplir ma part que si je crois que les autres ont une intention identique, qu'ils ne peuvent eux-mêmes avoir que s'ils pensent que les autres l'ont, etc. Un ensemble d'intentions conditionnelles intriquées ne peut justifier l'apparition d'intentions inconditionnelles : elles constituent de bonnes raisons à cette apparition, mais ne permettent pas de la déduire logiquement.

Il ne s'agit pas d'un simple problème conceptuel : qu'il suffise d'imaginer deux concurrents auxquels un médiateur parvient à faire accepter un accord, stipulant qu'ils doivent chacun rendre un service à l'autre. Chaque concurrent a accepté de subordonner sa signature à la signature de l'autre, puisque s'il était seul à signer, il se trouverait désavantagé. La situation restera bloquée, à moins qu'on ne puisse trouver un dispositif supplémentaire permettant de transformer les intentions conditionnelles de signer en intentions inconditionnelles. Notons qu'il ne s'agit pas d'une circularité *définitionnelle*, qui ferait référence au concept même qu'elle prétend définir, mais d'une circularité *explicative*. De même qu'une intention individuelle est l'état mental qui cause une action donnée, une intention collective est censée correspondre à un ensemble de conditions dont s'ensuit automatiquement la réalisation d'une action collective. Or, la circularité explicative empêche de déduire la présence de l'intention collective à partir de la présence d'intentions d'agir individuelles, et n'implique donc pas la réalisation de l'action collective.

Il n'existe pas de solution à ce problème au niveau de la définition si l'on souhaite conserver des intentions conditionnelles. Les remèdes habituels consistent à analyser les façons pratiques dont des agents se tirent de ce type de difficulté : par un engagement unilatéral (décider d'agir inconditionnellement et ainsi créer les intentions d'agir chez autrui), par une promesse (faire croire qu'on va agir sans condition) ou encore par des mécanismes cognitifs plus ou moins automatiques, comme le fait de se contenter d'un *indice* de l'intention d'agir d'autrui pour former sa propre intention.

Nos définitions précédentes ne comprennent aucune intention conditionnelle : les agents forment leur intention d'agir à partir de la croyance *a priori* en la tendance des autres à agir selon le groupe : si la propension est suffisamment élevée, l'agent agira. Il nous est donc facile d'éviter le problème de circularité explicative des intentions. Puisque les agents ne peuvent entrer directement en contact avant l'action, leur intention ne saurait être conditionnelle.

Il existe un second problème, cette fois de circularité *définitionnelle*, qui apparaît lorsque certaines conditions de la définition d'un concept collectif font elles-mêmes référence à ce concept. Notre propre définition de la coopération présente ce profil, puisqu'elle implique un souhait d'agir ensemble chez les participants. Si on ramène l'« agir ensemble » à la coopération, le risque créé par une telle condition est de faire tomber l'ensemble de la définition dans une circularité et particulièrement dans la trivialité – celle consistant à donner le fait d'être un chat comme partie de la définition de ce qu'est un chat.

Une telle circularité fait-elle réellement obstacle à l'établissement d'une juste définition ? Gilbert a répondu par la négative en expliquant que la définition analytique d'« agir ensemble » peut éviter de tomber dans la circularité si elle renvoie à une notion *naïve* d'agir ensemble, celle qu'aurait l'être humain ordinaire plutôt que le théoricien. Tuomela défend une ligne semblable, mentionnant les cas d'action conjointe élémentaire chez les animaux et les enfants de moins d'un an pour défendre l'idée que les agents n'ont pas besoin de posséder de concept sophistiqué de l'action conjointe. Ce schéma d'argumentation est conceptuellement satisfaisant. En effet, la circularité présente dans toute définition d'un concept collectif n'est qu'apparente : la définition ne fait pas référence au concept à définir lui-même mais à la version qu'en ont les agents impliqués, qui figure par exemple dans le contenu de leurs intentions. Cependant, l'analyse reste insuffisante si l'on ne décrit pas précisément la version naïve du concept collectif, sous peine d'avoir des conditions insuffisamment déterminées. Nous avons anticipé cette objection en expliquant après la définition ce que signifiait « agir ensemble ». La prochaine et dernière sous-section expose cette conception plus en détail.

Coopération avérée, coopération plausible

Comment déterminer le concept naïf de coopération correspondant à l'usage quotidien des agents ? Les définitions précédentes ont été données du point de vue du théoricien omniscient qui, ayant accès à l'ensemble des comportements observables, des états mentaux des agents et de tous les processus causaux, est capable de décider si telle interaction est ou n'est pas coopérative. Or certains de ces paramètres sont inaccessibles aux agents eux-mêmes. Le concept naïf de coopération utilisé par les agents, correspondant aux cas *apparents* de coopération, demande donc également une définition.

Imaginons une situation d'action simultanée de plusieurs individus. Avant l'action, aucun agent ne peut savoir s'il va y avoir coopération ou non : même s'il s'est identifié au groupe et estime que dans la situation donnée les propensions de chacun à faire de même sont assez élevées, il n'a en principe accès à aucune intention, ignore si le but collectif a été reconnu et si d'autres se sont identifiés au même groupe. Après l'action, le résultat de l'interaction est connu, ainsi que les actions de tous et, rétroactivement, leurs intentions (si l'on exclut la possibilité d'erreurs). Tous savent si le but collectif a été atteint ou non. Mais il arrivera fréquemment qu'aucun agent ne sache exactement pour quelles raisons les autres ont agi. Subsiste alors un doute concernant l'identification de chacun : comment être certain que tel ou tel individu a bien agi *parce qu'*il avait l'intérêt du groupe à cœur ?

En théorie des jeux, il est bien connu que, dans un équilibre fondé sur différents types d'agents, une même action pourrait être choisie par différents types. Lorsqu'on a des actions successives, les agents peuvent actualiser leurs croyances, c'est-à-dire qu'ils peuvent modifier leur estimation *a priori* de la tendance d'autrui à s'identifier à un groupe. Si untel n'as pas coopéré, ma croyance qu'il ne s'était pas identifié au groupe deviendra plus forte, et plus faible s'il a accompli une action *apparemment* coopérative. Après observation d'une action, les individus ont donc des estimations *a posteriori* de l'identification de chacun.

Idéalement, les agents ne devraient conclure à la coopération que lorsque les probabilités *a posteriori* d'identification au groupe sont égales à 1 pour tous ceux qui ont choisi une action coopérative, c'est-à-dire lorsque la seule raison d'agir possible expliquant les actions d'autrui est qu'il s'est identifié au groupe. Dans de tels cas, nous parlerons alors de *coopération avérée*.

Mais ce critère est rarement rempli, alors qu'il est relativement fréquent d'estimer qu'une action collective a été coopérative. Si un téléspectateur apprend le soir que la manifestation a été un succès, il aura tendance à y voir le résultat de la coopération réussie des militants et le signe de la cohésion du groupe qui l'organisait – alors qu'il est possible que bien des participants ne soient venus que pour des raisons individuelles, étrangères à l'effet politique de la manifestation : retrouver des amis, manger gratuitement, ou simplement sortir. Plus encore, un spectateur pourra parler de coopération du groupe entier quand bien même une partie seulement des militants a participé.

On peut alors distinguer deux types de cas. D'abord, lorsque les actions de chacun n'ont pu être précisément observées, le critère de perception de la coopération est simplement l'accomplissement du but collectif perçu. La même équipe de football sera par exemple qualifiée *a posteriori* de soudée ou de désunie sur la seule base du score d'un match. Appelons ceci la *coopération comportementale* – déterminée par le seul accomplissement d'un objectif collectif donné.

Lorsque les actions sont observables, une seconde approximation semble réaliste : au lieu d'exiger la certitude que chaque membre se soit identifié au groupe, il suffit que la probabilité de cette identification soit supérieure *a posteriori* à toutes celles des autres identifications possibles. On conclurait ainsi à la coopération quand c'est l'identification de chaque membre au groupe qui explique le mieux ses actions. Un militant participant à la manifestation pourra conclure à un échec s'il voit autour de lui les autres principalement occupés à chercher à manger, à se reposer, à danser… et au contraire considérer que la manifestation est un succès si les participants semblent réellement venus *pour* manifester. Nous parlerons alors de *coopération plausible*. Notons qu'elle coïncide avec la coopération avérée lorsque la seule explication des actions coopératives est l'identification au groupe, par exemple dans des situations simples comme un dilemme du prisonnier ponctuel. Autrement dit, juger la coopération plausible comme de la vraie coopération peut être une bonne approximation. En résumé, selon la définition rigoureuse, seule la coopération avérée est légitime. Mais pour des individus ordinaires, les concepts pragmatiques de coopération plausible, et en cas de données peu nombreuses, de coopération comportementale, suffisent.

Revenons maintenant à la question de la circularité. Pour qu'une situation soit coopérative, il est, selon la définition, nécessaire que les individus souhaitent agir ensemble. Cela ne signifie finalement rien d'autre que : les individus doivent au moins souhaiter que l'objectif collectif soit réalisé par des membres s'identifiant au groupe. La définition ne place donc pas l'intention même de coopérer au cœur de la coopération. Au moment d'agir, les participants ne doivent avoir que l'intention de faire leur part parce qu'ils croient que les autres membres potentiels feront la leur, et qu'ils suffiront à réaliser le but. Après l'action collective, les individus la percevront comme de la coopération s'il est suffisamment plausible que les participants aient agi pour les bonnes raisons (qu'ils se soient identifiés au bon groupe). Un individu n'a donc pas besoin d'avoir l'intention de coopérer pour coopérer, il suffit qu'il ait l'intention de faire sa part d'un objectif collectif et le désir qu'il soit accompli par des membres s'identifiant au groupe.

Cette analyse est compatible avec certains cas spéciaux. Un agent peut par exemple favoriser la coopération sans le savoir, s'il ne perçoit pas l'objectif collectif (ni le groupe associé) alors que son action individuelle coïncide avec l'action coopérative.

Un individu peut également coopérer en croyant qu'il n'y a pas coopération. Par exemple, il pourrait être par erreur persuadé qu'un certain nombre d'individus ne se sont pas identifiés au groupe mais vont (par coïncidence) accomplir une action bénéfique pour le groupe ; et estimer que sans leur aide (involontaire), l'objectif collectif ne pourrait être réalisé. Notre individu va accomplir sa part, afin que l'objectif collectif soit réalisé, tout en croyant qu'il ne s'agit pas de coopération, puisque d'autres participants agissent pour une mauvaise raison.

Remarquons de nouveau le rôle central que joue le concept d'objectif collectif dans notre définition. La présence d'un objectif collectif (qu'il soit émergent ou préexistant) est d'abord une condition préalable de la coopération. Mais *a posteriori*, un objectif collectif est également le seul indice observable du succès d'une action coopérative – et donc du fait qu'il y a eu coopération. Cet indice peut cependant être trompeur puisqu'il ne signale au mieux que la coopération plausible.

Conclusion

Un concept de coopération minimale a été défini. Il correspond à des situations comportant un but collectif manifeste (émergeant éventuellement de la situation), dans lesquelles un groupe d'agents, choisissant tous leur action conformément à un certain équilibre rationnel, accomplit ce but. Les agents n'ont besoin, ni de se connaître, ni de communiquer, ni même de se percevoir au moment de leur prise de décision. La notion fondamentale est donc ici celle de but collectif, sans laquelle on passerait de la coopération à une simple action collective « parallèle ».

Nous avons montré qu'une telle conception permet de régler simultanément certains problèmes philosophiques habituellement liés à la coopération : la circularité des définitions et la référence à un concept non explicite de coopération naïve. Parallèlement à la conception sophistiquée de la coopération minimale que nous avons définie, il existe une version naturelle, ou intuitive, fondée essentiellement sur la réalisation d'un objectif collectif. Elle prend acte du fait que la réussite apparente de la coopération est souvent *a posteriori* un critère déterminant permettant d'établir qu'il y a effectivement eu coopération. On parle alors de coopération comportementale, voire de coopération plausible. Cette conception naïve explique la facilité avec laquelle on suppose habituellement l'existence de groupes, hypothèse qui en retour facilite nos prédictions et nos décisions.

Ce tableau général va être rendu plus concret par le rappel des questions soulevées dans l'introduction, auxquelles il est désormais possible d'apporter une réponse. Presque toutes ces questions, concernant les éléments que la coopération *doit* ou *devrait* comporter, touchent bien l'aspect *nécessaire* de la définition de la coopération. Il est donc légitime d'y apporter une réponse à la lumière du concept de coopération minimale :

– En cas de coopération, les agents doivent-ils être conscients qu'ils coopèrent? Non. Ils doivent être conscients qu'ils agissent dans l'intérêt du groupe, ou afin de réaliser un objectif collectif. N'ayant aucune information directe sur autrui, ils ne peuvent savoir au moment de leur décision si suffisamment d'agents sont également en train d'accomplir leur propre part pour la bonne raison.
– Les agents doivent-ils avoir un plan d'action général? En général, non. Tout d'abord, ils n'ont absolument pas besoin d'avoir choisi un plan d'action ensemble. Ils peuvent néanmoins agir conformément à un plan : ils savent que leurs actions doivent à la fois faire partie d'une combinaison d'actions pour laquelle l'objectif collectif serait réalisé, et être cohérentes avec un équilibre de groupe donné. Néanmoins, rien ne garantit à un agent que les autres suivent ce même « plan ».
– L'intention d'agir de chacun doit-elle être absolue ou conditionnée par la croyance en l'intention d'agir d'autrui? Un agent n'a en aucune façon besoin de connaître l'intention d'agir d'autrui. Il ne se fonde que sur les propensions d'autrui à former telle ou telle intention. Les intentions des agents ne sont donc pas conditionnelles, au sens où elles ne deviendraient des intentions qu'après constatation de l'intention conditionnelle d'autrui.
– Les raisons d'agir doivent-elles être identiques pour tous? Oui. Dans la définition de la coopération, qui se situe du point de vue du théoricien, il est nécessaire que les agents aient accompli leur part en raison de leur identification à l'équipe. Par contre, les raisons d'agir possibles n'ont pas à être de connaissance commune, même indirecte, entre les agents. Certains peuvent n'avoir perçu qu'une partie des raisons d'agir possible pour autrui : s'ils agissent pour l'équipe, ils savent qu'autrui peut agir pour cette même raison. Peu importe alors que les listes des autres équipes possibles prises en compte par chaque agent ne soient pas les mêmes.

– Y a-t-il encore coopération si quelqu'un se trouve agir coopérativement en s'étant trompé d'action? Non. Agir pour l'équipe mais en ayant mal identifié l'objectif collectif implique qu'il n'y a pas coopération puisque l'agent n'a pas accompli sa part. Si « agir coopérativement en s'étant trompé d'action » est pris au sens de l'accomplissement de sa part pour les mauvaises raisons, il n'y a pas davantage coopération puisque les raisons d'agir des participants doivent toutes être correctes, c'est-à-dire fondées sur le groupe.

CONCLUSION

Un texte humoristique d'Alphonse Allais décrit une rencontre avec un cantonnier qui, au bord d'une route, effectue la tâche suivante : muni d'un anneau en fer de six centimètres de diamètre, il tente d'y faire passer des cailloux. Ceux-ci sont ensuite répartis en trois catégories – les petits, les moyens et les gros cailloux – selon qu'ils passent dans l'anneau facilement, de justesse ou ne passent pas du tout. Interrogé sur le sens de ce travail, le cantonnier explique alors que les petits et les gros cailloux seront rejetés, seuls les cailloux de taille moyenne sont mis sur la route. « Quand ils sont sur la route, on amène un énorme rouleau qui pèse je ne sais combien de mille kilos, et on le fait passer dessus. Et ça écrase mes cailloux comme des miettes? ! » Et le témoin de s'exclamer : « Mais alors, vos ingénieurs sont bêtes comme des bégonias? ! »[1].

En philosophie analytique, il n'est pas rare qu'une tentative pour trouver la « bonne » définition d'un concept partage quelques traits avec cette petite histoire et frôle l'absurdité qui y culmine : on sélectionne d'abord, au sein de toutes les formes existantes, la plus harmonieuse, composée des bons éléments agencés selon des conditions ni trop fortes ni trop faibles. Puis, le choix effectué, le concept ainsi sélectionné remplit son rôle de la même façon qu'une variante l'aurait fait, les raisons qui ont conduit à le choisir n'ayant pas d'influence sur son utilisation. Autrement dit, le choix d'une juste définition est alors fait selon des critères indépendants de l'utilité pratique du concept – ces critères pourraient être aussi

1. A. Allais, « Une des beautés de l'administration française », *Deux et deux font cinq* (1895).

arbitraires que ceux du mode de sélection des cailloux sans avoir de conséquence notable.

Notre définition de la coopération minimale a été élaborée notamment dans l'intention d'éviter un tel écueil, par le truchement des liens étroits qu'elle entretient avec le phénomène concret de coopération. D'abord, elle est fondée sur une explication réaliste du comportement coopératif. Celle-ci accorde une place centrale à la faculté psychologique d'identification de groupe, dont la pertinence est empiriquement justifiée. Grâce à elle, l'explication rationnelle de la coopération voit sa dimension normative réduite autant que possible. Ensuite, notre définition correspond à cas intuitifs de coopération (comme les manifestations, ou les foules-éclair), et permet d'éclairer précisément les raisons pour lesquelles ils sont coopératifs. Enfin, elle permet de comprendre le rôle de concepts naïfs et quotidiens de coopération et de groupe. Le concept de coopération minimale est profondément ancré dans la réalité empirique des comportements et des phénomènes, et, une fois défini, il en éclaire des aspects supplémentaires.

Plus précisément, nous avons effectué le parcours suivant. La topographie de l'ensemble des travaux actuels sur la coopération a montré que la recherche d'une théorie unifiée, fondée sur une définition minimale doublée d'une explication rationnelle réaliste, permettrait de combler des vides locaux tout en contribuant à une meilleure cohérence générale. La théorie des jeux est apparue comme le cadre le plus pertinent pour résoudre simultanément les problèmes définitionnels et développer les aspects rationnel et stratégique. Nous avons ensuite clarifié les fondements de la coopération en analysant en détail la notion de connaissance commune, pour conclure qu'elle était principalement composée de croyances probabilistes et qu'elle échappait aux accusations courantes d'irréalisme. La littérature empirique a révélé le rôle permanent joué par l'identification de groupe dans le comportement coopératif humain. Nous avons alors soutenu qu'une notion technique d'équilibre bayésien, formalisant cette faculté d'identification, permettait de décrire le raisonnement coopératif tout en conférant un rôle majeur aux objectifs collectifs et en utilisant la connaissance commune de paramètres choisis à bon escient. La pertinence d'un tel type de modèle a été mise en évidence par son extension fructueuse au cadre dynamique, mettant l'accent sur l'importance de la perception des groupes. Enfin, nous avons pu fournir une définition analytique de la coopération minimale mobilisant l'ensemble des résultats précédents, et permettant d'éclairer les concepts naïfs de coopération et de groupe.

Parallèlement à cet itinéraire principal, notre périple nous a conduit à défendre, parfois de façon récurrente, plusieurs positions qu'il semble important de rappeler, qu'elles soient centrales ou secondaires dans l'analyse de la coopération :

- La présence dans une situation d'un *but collectif* saillant peut suffire à fonder la coopération ponctuelle d'agents anonymes et isolés.
- La structure d'une intention collective est semblable à celle d'un équilibre en théorie des jeux et fondée sur la *stabilité* des intentions individuelles.
- Le concept *intuitif* de connaissance commune s'analyse *formellement* comme une croyance commune probabiliste.
- L'explication rationnelle réaliste de la coopération nécessite des modèles fondamentalement *probabilistes*.
- Il n'existe pas de différence conceptuelle fondamentale entre la coopération dans laquelle les agents connaissent leur identité, et celle dans laquelle ils l'ignorent ; de même qu'il n'en existe pas non plus entre la connaissance commune fondée sur un événement *public* et celle fondée sur des événements *typiques*.

Notre entreprise constitue un pas vers une théorie unifiée de la coopération. Elle ouvre donc tout naturellement la voie à des développements ultérieurs. Alors que notre présent travail s'achève, et parmi toutes les pistes de recherches possibles, nous allons en proposer cinq, de la plus locale à la plus globale.

Tout d'abord, les jeux comportant plus de deux actions coopératives semblent poser problème aux modèles fondés sur l'identification et le raisonnement de groupe. Lorsque les actions se multiplient, il devient naturellement plus difficile d'estimer le type d'autrui *a posteriori*. Si les résultats empiriques de coopération dans des jeux ponctuels sont en accord avec les équilibres de groupe de Bacharach, l'application de ces derniers aux cas de jeux répétés n'est pas immédiate. De manière générale, la répétition des jeux coopératifs à actions nombreuses n'a pas suscité beaucoup d'analyses formelles précises, alors que des résultats empiriques sont disponibles et ont été discutés, bien qu'essentiellement dans la littérature psychologique. L'explication par identification de groupe gagnerait à investir ce domaine de recherche.

Le mécanisme d'identification de groupe reste encore partiellement opaque. Devant la multiplicité des causes possibles de l'identification d'un agent à un groupe, notre analyse les a considérées comme étant données de façon exogène, en n'abordant que l'influence d'une situation sur la *perception* d'un groupe. En particulier, le groupe auquel un agent s'identifie était supposé être soit constant, soit indéterminé. Il semble cependant que des agents puissent changer de groupe pendant une interaction, sans que ce changement soit pour autant arbitraire. La réticence à étudier les raisons de l'identification, d'ordinaire motivée par la multiplicité des causes extérieures possibles, ne devrait pas se manifester si l'on se cantonne à ce qui se produit durant le déroulement d'un jeu, toutes choses étant égales par ailleurs. On pourrait par exemple proposer une contrainte de cohérence sur l'identification des agents, stipulant qu'un agent s'étant identifié à un groupe ne devrait pas en changer si la situation coopérative reste identique ou devient plus propice à l'accomplissement de son objectif. Ce type d'approche gagnerait selon nous à être développé, approfondi et systématisé, afin de déterminer toutes les façons dont le déroulement du jeu règle et contraint l'identification, ou du moins l'évolution des propensions d'identification.

Dans le cadre général de la théorie du choix rationnel, le rôle joué par l'identification de groupe, dans les cas de coopération les plus dépouillés, pourrait avantageusement être complété par des normes sociales qui sont plus pertinentes lorsqu'une interaction plus complexe a lieu. Mais le lien entre ces deux notions va au-delà de la simple compatibilité explicative. Une norme sociale est un concept profondément collectif, qui prescrit des comportements dans le cadre d'un groupe, et aussi extrêmement volatil, pouvant dépendre de certains aspects très spécifiques d'une situation. Aussi, identification de groupe et normes sociales, si elles n'ont pas la même étendue explicative, peuvent être la cause l'une de l'autre selon les situations. L'identification à un groupe rend sensible aux normes locales, même implicites, qui peuvent le régir; concevoir une norme de groupe peut suffire à déclencher l'identification. On aurait donc intérêt à développer une théorie générale de l'explication rationnelle qui cherche à les concilier plutôt qu'à les opposer, et qui analyse leur interaction ainsi que leur rôle respectif dans les cas élaborés d'interaction coopérative.

Le domaine des théories participant de façon cohérente à une théorie générale de la coopération demande à être agrandi. L'identification de groupe gagnerait notamment à être appuyée sur des arguments de type évolutionniste, soit pour montrer qu'elle est compatible avec l'un des mécanismes classiques dans l'explication de la coopération, soit pour la proposer elle-même en tant que mécanisme potentiel. C'est ce second choix qu'avait entamé Bacharach dans son dernier ouvrage[1], en soutenant que le fait que l'identification de groupe explique la coopération dans l'ensemble des dilemmes coopératifs en faisait un mécanisme extrêmement économique du point de vue de la sélection naturelle. On pourrait aussi avancer l'idée que, puisqu'un équilibre de groupe semble nécessiter une théorie de l'esprit moins développée que d'autres équilibres, la plausibilité de sa présence déjà ancienne au sein de l'espèce humaine en est accrue. La littérature sur la face évolutionniste de l'identification de groupe est peu abondante et il y a là des raisons de contribuer à son développement.

Enfin, nous concluons sur une hypothèse ouverte. Il existe un dernier problème de circularité, portant, non sur la définition ou l'explication du concept de coopération, mais sur sa généalogie. Pourquoi le concept naïf de coopération est-il apparu en premier lieu ? Pourquoi l'être humain a-t-il besoin du concept de coopération

1. M. Bacharach, *Beyond Individual Choice. Teams and Frames in Game Theory*, Princeton, NJ, Princeton University Press, 2006.

et pourquoi considère-t-il parfois les groupes comme des individus ? Une hypothèse est que *le concept de groupe est fondamentalement utile à un humain doué de capacités calculatoires limitées.* Les calculs d'utilité espérée peuvent être fastidieux. Nous avons vu que les agents ne les effectuent sans doute pas dans le détail, et que l'ensemble des raisons d'agir possibles qu'ils prêtent à autrui doit rester assez réduit, sous peine de dépasser leurs capacités de raisonnement stratégique. De plus, lors d'interactions répétées, la prévision du comportement d'autrui induit une source considérable de complexité : à chaque interaction, chaque agent est susceptible de s'identifier à de nouvelles équipes et de modifier son analyse des identifications d'autrui. Autrement dit, il serait illusoire de tenter de prédire les comportements individuels d'agents sujets à l'identification de groupe.

Les cas de coopération comportementale ou plausible pourraient mener à des raccourcis de raisonnement. Le succès de la coopération d'un groupe d'individus indique qu'ils sont susceptibles d'agir de la même façon (pour les mêmes raisons apparentes) à l'avenir, et qu'il n'est plus besoin de les considérer séparément dans un cadre prédictif : le groupe peut être considéré comme un individu. Cette hypothèse ne porte pas sur l'existence de groupes semblables à des individus, mais sur la simplicité prédictive permise par la possession du concept de groupe. Ce concept jouerait un rôle majeur en facilitant les raisonnements stratégiques et l'élaboration des prédictions en situation d'interaction, en réduisant le nombre d'hypothèses examinées (un groupe susceptible de persister ou non, plutôt que plusieurs agents susceptibles de s'identifier à plusieurs groupes). Cette position est parente de celle de Dennett (1987), selon lequel nos concepts naïfs de croyance et d'intention nous servent essentiellement à prédire et expliquer le comportement d'autrui.

Cependant, cette approche demande à être approfondie. Il est relativement facile de prouver la simplification des raisonnements : faire des prédictions en prenant en compte l'action naturellement coordonnée d'un supposé supra-agent, plutôt que les multiples actions individuelles d'agents indépendants, est économique au niveau de la complexité du calcul effectué. Il faut cependant montrer que l'hypothèse mène effectivement à un certain succès prédictif, c'est-à-dire que le fait qu'un groupe d'agents paraisse coopératif est un signe fiable de sa coopération future. Des considérations liées au gain entrent également en compte : un tel mécanisme cognitif serait justifié si un agent le possédant aboutissait à un gain moyen suffisamment supérieur à celui d'un agent ne le possédant pas. Une future voie de recherche consisterait à étudier quantitativement la viabilité du concept de groupe en tant qu'outil servant la rationalité limitée des agents.

BIBLIOGRAPHIE

ALEXANDER R.D., *The Biology of Moral Systems*, Cambridge, Cambridge University Press, 1987.

ALVARD M., « Mutualistic hunting », *in* C. Stanford and H. Bunn (ed.), *The Early Human Diet. The Role of Meat*, Oxford, Oxford University Press, 2001, p. 261-278.

ANDREONI J. et SAMUELSON L., « Building Rational Cooperation », *Journal of Economic Theory*, 127(1), 2006, p. 117-154.

AUMANN R.J. et BRANDENBURGER A., « Epistemic conditions for Nash equilibrium », *Econometrica*, 63, 1995, p. 1161-1180.

AXELROD R., *The Evolution of Cooperation*, New York, Basic Books, 1984.

BACHARACH M., « Interactive team reasoning. A contribution to the theory of co-operation », *Research in Economics*, 53, 1999, p. 117-147.

– *Beyond Individual Choice. Teams and Frames in Game Theory*, Princeton, NJ, Princeton University Press, 2006.

BICCHIERI C., « Covenants without swords. Group identity, norms and communication in social dilemmas », *Rationality and Society*, 14(2), 2002, p. 192-228.

– *The Grammar of Society. The Nature and Dynamics of Social Norms*, Cambridge, Cambridge University Press, 2006.

BINMORE K., *Game Theory and the Social Contract, Vol. 1 : Playing Fair*, Cambridge, MA, MIT Press, 1994

– *Game Theory and the Social Contract, Vol. 2 : Just Playing*, Cambridge, MA, MIT Press, 1998.

– *Natural Justice*, Oxford, Oxford University Press, 2005.

BINMORE K., et SHAKED A., « Experimental economics. Where next ? », *Journal of Economic Behavior & Organization*, 73, 2010, p. 87-100.

BLACKMORE S., *The Meme Machine*, Oxford, Oxford University Press, 1999.

BOURKE A.F.G., *Principles of Social Evolution*, Oxford, Oxford University Press, 2011.

BOWLES S. et GINTIS H., « The evolution of strong reciprocity : cooperation in heterogeneous populations », *Theoretical Population Biology*, 65(1), 2004, p. 17-28.

BOYD R. et RICHERSON P., « The evolution of indirect reciprocity », *Social Networks*, 11, 1989, p. 213-236.

BOYD R. et RICHERSON P., *Not by Genes Alone. How Culture Transformed Human Evolution*, Chicago, The University of Chicago Press, 2005.

BRATMAN M., « Shared cooperative activity », *The Philosophical Review*, 101(2), 1992, p. 327-341.

BREWER M.B. et GARDNER W., « Who is this "we"? Levels of collective identity and self identification », *Journal of Personality and Social Psychology*, 71, 1996, p. 83-93.

BYRNE R.V. et WHITEN A., *Machiavellian Intelligence. Social Expertise and the Evolution of Intellect in Monkeys, Apes and Humans*, Oxford, Oxford University Press, 1989.

CAMERER C., *Behavioral Game Theory*, Princeton, Princeton University Press, 2003.

CHWE M.S.-Y., *Rational Ritual. Culture, Coordination and Common Knowledge*, Princeton, Princeton University Press, 2001.

COLMAN A.M., « Cooperation, psychological game theory, and limitations of rationality in social interaction », *Behavioral and Brain Sciences*, 26, 2003, p. 139-198.

CUBITT R. et SUGDEN R., « Common knowledge, salience and convention : a reconstruction of David Lewis's game theory », *Economics and Philosophy*, 19, 2003, p. 175-210.

DAWES R.M., « Social dilemmas », *Annual Review of Psychology*, 31, 1980, p. 169-193.

DAWES R.M. et THALER R., « Anomalies – Cooperation », *Journal of Economic Perspectives*, 2(3), 1988, p. 187-197.

DAWES R.M., VAN DE KRAGT A.J.C. et ORBELL J.M., « Not me or thee but we. The importance of group identity in eliciting cooperation in dilemma situations. Experimental manipulations », *Acta Psychologica*, 68, 1988, p. 83-97.

DAWKINS R., *The Selfish Gene*, Oxford, Oxford University Press, 1976.

DE BOER J., *The 'We' Perspective. An Explanation of Collective Action*, Thèse de doctorat, Université d'Amsterdam, 2006.

DE BRUIN B., *Explaining Games. The Epistemic Programme in Game Theory*, Dordrecht, Springer, 2010.

DE CREMER D. et VAN VUGT M., « Social identification effects in social dilemmas. A transformation of motives », *European Journal of Social Psychology*, 29, 1999, p. 871-893.

DE CREMER D., VAN KNIPPENBERG D., VAN DIJK E. et VAN LEEUWEN E., « Cooperating if one's goal are collective-based. Social identification effects in social dilemmas as a function of goal transformations », *Journal of Applied Social Psychology*, 38(6), 2008, p. 1562-1579.

DIAMOND J., *Guns, Germs, and Steel. The Fate of Human Societies*, New York, W.W. Norton and Co., 1997.

DUPUY J.-P., « Convention et Common knowledge », *Revue Economique*, 40(2), 1989, p. 361-400.

DURKHEIM E., *Le suicide*, Paris, Presses Universitaires de France, 2004.

FEHR E., FISCHBACHER U. et GÄCHTER S., « Strong reciprocity, human cooperation and the enforcement of social norms », *Human Nature*, 13(1), 2002, p. 1-25.

FEHR E. et GÄCHTER S., « How effective are trust- and reciprocity-based incentives », *in* A. Benner, L. Putterman (ed.), *Economics, Values and Organization*, Cambridge, Cambridge University Press, 1998, p. 337-363.

FEHR E. et GÄCHTER S., « Reciprocity and economics. The economic implication of homo reciprocans », *European Economic Review*, 42, 1998, p. 845-859.

FEHR E. et HENRICH J., « Is strong reciprocity a maladaptation? On the evolutionary foundations of human altruism », *in* P. Hammerstein (ed.), *Genetic and Cultural Evolution of Cooperation*, Cambridge, MA, MIT Press, 2003, p. 55-82.

GILBERT M., *On Social Facts*, Princeton, Princeton University Press, 1989.

– *Marcher Ensemble*, Paris, Presses Universitaires de France, 2003.

GINTIS H., « Strong reciprocity and human sociality », *Journal of Theoretical Biology*, 206, 2000, p. 169-179.

GUALA F., « Reciprocity : weak or strong? What punishment experiments do (and do not) demonstrate », *Behavioral and Brain Sciences*, 35, 2012, p. 1-59.

HAKLI R., MILLER K. et TUOMELA R., « Two Kinds of We-Reasoning », *Economics and Philosophy*, 26(3), 2010, p. 291-320.

HALEY K.J. et FESSLER D.M.T., « Nobody's watching? Subtle cues affect generosity in anonymous economic game », *Evolution and Human Behavior*, 26, 2005, p. 245-256.

HAMILTON W.D., « The Genetical Evolution of Social Behavior », *Journal of Theoretical Biology*, 7, 1964, p. 17-52.

HAMMERSTEIN P., « Why is Reciprocity so Rare in Social Animals? A Protestant Appeal », *in* P. Hammerstein (ed.), *Genetic and Cultural Evolution of Cooperation*, Cambridge, MA, MIT Press, 2003, p. 83-94.

HARDIN G., « The Tragedy of the Commons », *Science New Series*, 162, 1968, p. 1243-1248.

HARE B., Call J. et TOMASELLO M., « Do chimpanzees know what conspecifics know? », *Animal Behaviour*, 61, 2001, p. 139-151.

HARE B. et TOMASELLO M., « Chimpanzees are more skillful in competitive than in cooperative cognitive tasks », *Animal Behaviour*, 68, 2004, p. 571-581.

HEAL J., « Common Knowledge », *Philosophical Quarterly*, 28, 1978, p. 116-131.

HENRICH J., BOYD R., CAMERER C., FEHR E., GINTIS H. et MCELREATH R, « In search of homo economicus. Behavioral experiments in 15 small-scales societies », *American Economic Review*, 91(2), 2001, p. 73-78.

HOBBES T., *Le Citoyen*, Paris, Garnier-Flammarion, 1982.

HOLLIS M., *Trust within reason*, Cambridge, Cambridge University Press, 1998.

ISAAC R.M. et WALKER J.M., « Communication and free-riding behavior : the voluntary contribution mechanism », *Economic Inquiry*, 26(4), 1988, p. 585-608.

KOLLOCK P., « Social dilemmas. The anatomy of cooperation », *Annual Review of Sociology*, 24, 1998, p. 183-214.

– « Transforming social dilemmas. Group identity and co-operation », *in* P. Danielson (ed.), *Modeling Rationality, Morality and Evolution*, New York, Oxford University Press, 1998.

LEHMANN L., KELLER L., WEST S. et ROZE D., « Group selection and kin selection : two concepts but one process », *Proceedings of the National Academy of Sciences of the U.S.A*, 104(16), 2007, p. 6736-6739.

LEIMAR O. et HAMMERSTEIN P., « Evolution of cooperation through indirect reciprocity », *Proceedings. Biological Sciences*, 268(1468), 2001, p. 745-753.

LEWIS D., *Convention. A Philosophical Study*, Cambridge, MA, Harvard University Press, 1969.

LEWONTIN R.C., « The Units of Selection », *Annual Review of Ecology and Systematics*, 1, 1970, p. 1-18.

LISMONT L., « Common knowledge. Relating anti-founded situation semantics to modal logic neighbourhood semantics », *Journal of Logic, Language and Information*, 3(4), 1995, p. 285-302.

LIST C. et PETTIT P., *Group Agency. The possibility, design and status of corporate agents*, Oxford, Oxford University Press, 2011.

MARSHALL J.A.R., « Group selection and kin selection. Formally equivalent approaches », *Trends in Ecology and Evolution*, 26(7), 2011, p. 325-332.

MCELREATH R., CLUTTON-BROCK T.H., FEHR E., FESSLER D.M.T., HAGEN E.H., HAMMERSTEIN P., KOSFELD M., MILINSKI M., SILK J.B., TOOBY J. et WILSON M.I., « Group report. The role of cognition and emotion in cooperation », *in* P. Hammerstein (ed.), *Genetic and Cultural Evolution of Cooperation*, Cambridge, MA, MIT Press, 2003, p. 445-468.

MILINSKI M., SEMMANN D, BAKKER T.C. et KRAMBECK H.J., « Cooperation through indirect reciprocity : image scoring or standing strategy ? », *Proceedings. Biological sciences/The Royal Society* 268(1484), 2001, p. 2495-501.

MILLER S., *Social Action. A Teleogical Account*, New York, Cambridge University Press, 2001.

MISHRA B., GREENWALD A. et PARIKH R., « The Santa Fe bar problem revisited. Theoretical and practical implications », in *Proceedings of the summer festival on Game Theory international conference, State University of New York at Stony Brook*, 1998.

MONDERER D. et SAMET D., « Approximating common knowledge with common beliefs », *Games and Economic Behavior*, 1, 1989, p. 170-190.

MORRIS S., « Approximate common knowledge revisited », *International Journal of Game Theory*, 28, 1999, p. 385-408.

MORRIS S. et SHIN H.S., « Aproximate common knowledge and co-ordination. Recent lessons from game theory », *Journal of Language, Logic and Information*, 6, 1997, p. 171-190.

NOWAK M.A. et SIGMUND K., « The dynamics of indirect reciprocity », *Journal of Theoretical Biology*, 194, 1998, p. 561-574.

OKASHA S., *Evolution and the Levels of Selection*, Oxford, Oxford University Press, 2006.

OLSON M., *La logique de l'action collective*, trad. fr. Mario Levi, Paris, Presses Universitaires de France, 1971.

ORBELL J. et DAWES R.M., « Social dilemmas », *in* G.M. Stephenson et J.M. Davis (ed.), *Progress in Applied Social Psychology*, Chichester, England, Wiley, 1981, vol. 1, p. 37-65.

ORBELL J., MORIKAWA T., HARTWIG J., STANLEY J. et ALLEN N., « Machiavellian intelligence as a basis for the evolution of cooperative dispositions », *American Political Science Review*, 98(1), 2004, p. 1-15.

ORBELL J., VAN DE KRAGT A. et DAWES R.M., « Explaining discussion-induced cooperation », *Journal of Personality and Social Psychology*, 54, 1988, p. 811-819.

OSBORNE M. et RUBINSTEIN A., *A course in game theory*, Cambridge, MA, MIT Press, 1994.

PARIKH R., « Logical omniscience and common knowledge. WHAT do we know and what do WE know ? », *in* R. van der Meyden (ed.), *Proceedings of the 10nth Conference on Theoretical Aspects of Rationality and Knowledge*, Singapore, National University of Singapore, p. 62-77.

PEACOCKE C., « Joint attention. Its nature, reflexivity and relation to common knowledge », *in* N. Eilan, C. Hoerl, T. Mc-Cormack, et J. Roessler (ed.), *Joint Attention. Communication and Other Minds*, Oxford, Clarendon Press, 2005, p. 298-324.

RAPOPORT A. et CHAMMAH A.M., *Prisoner's Dilemma. A study in conflict and cooperation*, Ann Arbor, University of Michigan Press, 1965.

REGAN D., *Utilitarianism and Cooperation*, Oxford, Clarendon Press, 1980.

RUBINSTEIN A., « The electronic mail game. Strategic behavior under "almost common knowledge" », *The American Economic Review*, 79, 1989, p. 385-391.

SCHELLING T., *The Strategy of Conflict*, Cambridge, Harvard University Press, 1960.

SEARLE J., « Collective intentions and actions », *in* P. Cohen, J. Morgan, et M.E. Pollack (ed.), *Intentions in Communication*, Cambridge, MA, MIT Press, 1990, p. 401-415.

SILLARI G., « A logical framework for convention », *Synthese*, 147(2), 2005, p. 379-400.

SOBER E. et WILSON D.S., *Unto Others. The Evolution and Psychology of Unselfish Behavior*, Cambridge, MA, Harvard University Press, 1998.

SPERBER D., « Metarepresentations in an evolutionary perspective », *in* D. Sperber (ed.), *Metarepresentations. A Multidisciplinary Perspective*, Oxford, Oxford University Press, 2000, p. 117-137.

SPERBER D. et WILSON D., *La Pertinence. Communication et Cognition*, Paris, Les Éditions de Minuit, 1989.

SUGDEN R., « The logic of team reasoning », *Philosophical Explorations*, 6, 2003, p. 165-181.

TAJFEL H., BILLIG M., BUNDY R. et FLAMENT C., « Social categorization in group behavior », *European Journal of Social Psychology*, 1, 1971, p. 149-178.

THALER R.H., *The Winner's Curse. Paradoxes and Anomalies in Economic Life*, New York, Free Press, 1992.

TRIVERS R., « The evolution of reciprocal altruism », *Quarterly Review of Biology*, 46, 1971, p. 35-57.

TUOMELA R., *Cooperation. A philosophical study*, Dordrecht, Kluwer, 2000.

– *The Philosophy of Sociality. The Shared Point of View*, Oxford, Oxford University Press, 2007.

TUOMELA R. et MILLER K., « We-intentions », *Philosophical Studies*, 53, 1988, p. 367-389.

TOLLEFSEN D., « Collective intentionality and the social sciences », *Philosophy of the Social Sciences*, 32(1), 2002, p. 25-50.

WALLISER B., « Les justifications des notions d'équilibre de jeux », *Revue d'économie politique*, 112(5), 2002, p. 695-716.

WEST S.A., GRIFFIN A.S. et GARDNER A., « Social semantics. Altruism, cooperation, mutualism, strong reciprocity and group selection », *Journal of Evolutionary Biology*, 20(2), 2007, p. 415-432.

WILKINSON G. S., « Reciprocal food sharing in the vampire bat », *Nature*, 308, 1984, p. 181-184.

WIMMER H. et PERNER J., « Beliefs about beliefs. Representation and constraining function of wrong beliefs in young children's understanding of deception », *Cognition*, 13, 1983, p. 103-128.

ZAHAVI A., « Mate selection. A selection for a handicap », *Journal of Theoretical Biology*, 53, 1975, p. 205-214.

TABLE DES MATIÈRES

Achevé d'imprimer par Corlet Numérique - 14110 Condé-sur-Noireau
N° d'Imprimeur : 140271 - Dépôt légal : juillet 2017 - *Imprimé en France*